地域金融復権のカギ

「地方創生ファンド」

共感・感動のスモールビジネスを育て、
日本を変える

松本直人
フューチャーベンチャーキャピタル株式会社
代表取締役社長

東洋経済新報社

まえがき

今から5年前の２０１４年、大学教授や企業経営者からなる民間組織「日本創生会議」の人口減少問題検討分科会において、ショッキングな数字が発表されました。「２０４０年には全国１８００市区町村の半分の存続が難しくなる」というのがそれです。さらに国土交通省からは、２０５０年には全国6割の地域で、人口が半分以下になるという見通しが公表されています。

この衝撃的な予測が発表されてから5年が経とうとしています。しかし、日本という一国の存続に関わる大問題であるにもかかわらず、課題解決に向けた具体的なアクションは、ほとんど見えてきません。

しかし、この問題を放置したままでは、将来の日本は大変なことになります。

日本創生会議は、出産に適した年齢である「20～39歳」の女性の人口動態に注目しました。それによると、２０４０年には全国の49・８％にあたる８９６の市区町村で20～39歳の女性の人口が5割以上減るという試算を弾き出しました。女性の人口減少は、そのまま出生率の低下につながり、人口減少に拍車をかけることになります。

若年層の人口が減少する一方、相対的に高齢者の人口比が高まれば、現役世代の社会保障負担はますます重くならざるを得ません。消費税率を10％に引き上げることの是非が、２０１９年10月に向けて盛んに議論されると思いますが、年金や国民健康保険の財政がさらに悪化したら、消費税率は10％では済まなくなるでしょう。

増税、社会保障負担増が続けば、可処分所得が減ります。それは消費の低迷につながり、デフレを招き、経済全体の停滞を招きます。このまま何も手を打たずにいたら、自分たちの世代は何とか大丈夫でも、子供の世代、孫の世代の日本は、今以上に貧しくなってしまいます。

私たちは、次の世代に、より良い日本を残していく義務があります。だからこそ、今すぐにでもアクションを起こさなければなりません。

私たちのフューチャーベンチャーキャピタルは、ベンチャーキャピタルという、金融ビジネスを展開している会社です。といっても銀行とは違い、預金や融資を扱っているわけではありません。中小企業の株式に出資し、その企業の伴走者となって成長に寄与することを通じて、ファンドのリターンを確保します。

言うなれば投資会社ですが、私たちは企業への投資を通じて、今の日本が抱えている社会課題の解決を目指しています。そのために地方の金融機関と協力し合い、さまざまな地方創生ファンドを立ち上げています。地方創生ファンドが企業に出資をすることにより、地元企業が活性化すれば、雇用が安定します。雇用の安定は生活の安定につながり、人口減少に歯止めをかけるきっかけになります。子供を産み、育てようというモチベーションは、一人ひとりの生活が安定しなければ維持できません。私たちは金融を通じて、日本が抱えている深刻な社会課題の解決に取り組んでまいります。

本書を通じて、一人でも多くの方に私たちの想いが伝わり、日本の未来を考えるきっかけになれば、著者としてこれ以上の喜びはありません。

2019年1月

フューチャーベンチャーキャピタル株式会社
代表取締役社長　松本直人

◉目次◉

第2章 地方創生ファンド運営の流れと仕組み

第4章 地方創生ファンドの実例紹介

第5章
共感社会における金融機関のあり方について

序章

地域金融機関と協力して

ミレニアル世代の起業論

アメリカで起業家が集まる都市はどこでしょうか?

このような質問をされたとき、恐らく、多くの人はこう答えるでしょう。

「シリコンバレー」

シリコンバレーとは、カリフォルニア州の北部、サンフランシスコ・ベイエリアの南部にあるサンタクララバレー、およびその周辺地域の名称です。ここに多くの半導体関連企業が拠点を構えていること、地形がバレー(渓谷)であることから、シリコンバレーと呼ばれてきました。現在も、世界的に有名なテック企業の集積地です。

ここから、多くのテック企業が輩出されました。アップル、インテル、グーグル、フェイスブック、シスコシステムズ、アドビシステムズ、オラクル、サン・マイクロシステムズ、シマンテックなど、いずれも小さなベンチャー企業だったのが、今では世界的に有名なテック企業に育ちました。

後日、スティーブ・ジョブズと共にアップルを創業したスティーブ・ウォズニアックが、「事実ではない」と言って否定しましたが、2018年9月時点では13万人以上の従業員を擁し、2656億ドルを売り上げる世界企業になったアップルも、創業時はジョブズの自宅のガレージからスタートしたという伝説が、まことしやかに言い伝えられているくらい、シリコンバレーという地域には、たくさんの起業成功物語があります。

こうした話を聞くと、アメリカで起業家が集まる都市としてシリコンバレーを思い浮かべる人が多いのは、当然です。

しかし、アメリカの人口あたりの起業率を都市ごとにランキングすると、最も高い都市はシリコンバレーではないのです。意外と思われるかもしれませんが、デンバー、フォートコリンズ、ボルダーがトップ3で、いずれもコロラド州の都市です。しかもトップ10のうち、コロラド州の都市が五つも入っているのです。

これはものすごい話だと思いませんか。コロラド州は、アメリカの中西部に位置しており、南北にロッキー山脈が貫いている、自然豊かな州です。画像検索すると分かりますが、とても美しいところです。全米で最も治安が良く、ウインタースポーツが盛んで、年間300日が晴天といわれ、アメリカ国民が最も住みたい州のナンバー1に選ばれたこともあります。

起業して、ベンチャーキャピタルなどのファンドから大きな資金を引っ張り、ひたすら成長を目指すというような、ギラギラした世界とは無縁のように見える、この州こそが、全米で最も起業率が高いのです。

となると、次に誰が起業しているのかに興味が湧いてきます。

今、シリコンバレーで起業しているのは、インド系、中国系の非常にハングリーな人たちが中心です。

これに対して、コロラド州で起業しているのは、どちらかというと白人系が中心です。世代的には「ミレニアル」と呼ばれている、1980年代から2000年代初頭に生まれ、2000年代に成人になった、あるいは社会人になった人たちが、起業の中心になっています。

もともとコロラド州は所得水準が高いので、ミレニアル世代の人たちは、その豊かさを享受して育ちました。この手の人たちは、ワーク・ライフ・バランスが良いというか、それほどハングリー精神はないものの、自分らしい生き方をしたいという意識が強く、身の丈に合った起業をするケースが増えています。どんどん成長して世界シェアを取りに行くのではなく、自分たちの身の回りにある課題を解決するようなことを探して、自分と気が合う、好きな人たちと組んでビジネスにするのがカッコいいという価値観です。

それと同じことが、今の日本にも起こりつつあるのかもしれません。本書の中でも紹介していきますが、私たちが地域の金融機関と一緒に組成している「地方創生ファンド」の投資先には、メルカリやＺＯＺＯのように株式上場を契機にして、さらに大きく成長し、世界市場に打って出るほどの派手さはないものの、地元密着で地域が抱えている課題を解決したり、自分の趣味、興味を材料にして製品・サービスを開発したりしている小さな会社がたくさんあります。

しかし、小さな会社だからこそ直面する難題もあります。その一つが資金調達です。非常に高い志を持って、世の中に製品・サービスを広めようとしても、資金が底を尽けば、事業継続は困難になります。だからこそ金融機関が資金を融資するわけですが、スタートアップベンチャーの場合、実績自体がないので、銀行をはじめとする金融機関も、なかなか融資に踏み切れない現実があります。

そのため多くのスタートアップベンチャーは、経営者の自己資金をはじめとして、借りられそうなところから借りて、何とか事業を継続しようとしますが、集められる資金には限界があります。結果、ベンチャーキャピタルから資金を調達する前に、多くの会社が資金繰りに窮して消えてしまいます。

私たちフューチャーベンチャーキャピタルは、多くのスタートアップベンチャーが直面している、こうした創業期の資金繰りの問題を解決するため、地方創生ファンドを中核にした資金提供を行います。また資金提供だけでなく、弊社のスタッフが投資先企業の経営を支援することによって、事業の育成に寄与していきます。

ベンチャーキャピタルはこんなことをやっている

私たちの会社名にもある「ベンチャーキャピタル」とは、ファンド運営会社でありベンチャー企業支援機関の一つです。

ファンドというと、資産運用に関心のある方なら、真っ先に「投資信託」が思い浮かぶと思いますが、投資信託とベンチャーキャピタルは、同じファンドの一種でも、中身は全く異なります。

投資信託は上場企業の株式を投資対象にします。これに対してベンチャーキャピタルは、未上場企業に出資します。

投資信託は、ファンドに組み入れた株式がある程度値上がりしたら、株式市場でそれを売却して利益を確保します。その利益が、投資信託を購入した投資家の利益になります。一方、ベンチャーキャピタルは、未上場株式に投資しますから、原則として、その投資先企業が株式を上場したときに、値上がり益を確保します。未上場企業は基本的にベンチャー企業であり、そこに資本を供給するのが、ベンチャーキャピタルという金融機関の役割です。

未上場企業に資金を供給するという点では、地方銀行や信用金庫、信用組合も同じです。いずれも大勢の人から「預金」を通じてお金を集め、それを地元の中小企業に一定期間、融資しています。

ただ、決定的に異なるのは、地方銀行や信用金庫、信用組合が「融資」によって資金を供給しているのに対し、ベンチャーキャピタルは投資対象企業に「投資」することで、資金を供給していることです。

融資には返済義務があります。資金を借り入れた側からすれば、借りたお金に利息を付けて、必ず金融機関に返さなければなりません。一方、ベンチャーキャピタルから投資してもらった資金には、返済義務がありません。なぜなら、株式への投資になるからです。もし、投資を受けた会社の経営が傾き、倒産したとしても、極端な言い方になりますが、「ごめんなさい」をすれば済むのです。

と言っても、決してベンチャーキャピタルが「お人好し」というわけではありません。未上場企業の株式が上場すると、非常に大きな値上がり益を生みます。たとえば10社に投資して、そのうち9社が倒産したとしても、残りの1社が上場までこぎつければ、十分なリターンが得られるのです。ある意味、ベンチャーキャピタルはリスクの高い投資事業を行っているとも言えるでしょう。

ただ、「ベンチャーキャピタル」で一括りにしてしまいがちですが、実はベンチャーキャピタルのなかにも、さまざまなタイプがあります。

たとえば、ベンチャー企業でも比較的規模が大きく、上場が見込まれるところに多額の資金を出資し、株式上場時の利益を狙いに行くベンチャーキャピタルもあれば、私たちのように創業期の中小企業を対象にして、投資先企業の経営に関与して、一緒に事業を成長させる、事業育成型のベンチャーキャピタルもあります。

実は、私はフューチャーベンチャーキャピタルの社長としては三代目になるのですが、創業者である川分陽二さんは元銀行員でした。川分さんは、銀行員としての仕事にある種の疑問を感じ、退社します。その前後にベンチャーキャピタルという仕事と出合い、大手ベンチャーキャピタルに転職しました。そして、ベンチャーキャピタルという仕事に心底惚れ込んだそうです。何に惚れたのかというと、銀行の融資とは異なる、投資というお金の出し方に対してです。出資をし、株主として出資先企業と同じ船に乗り、出資先企業を支援し、経営者に伴走する。この、ベンチャーキャピタルのビジネスモデルが、川分さんの心を掴みました。

ただ、転職先のベンチャーキャピタルは、投資の意思決定を投資委員会という会議で、それも書面を中心に決定していたそうです。しかし、川分さんはベンチャーキャピタリストとして働き、数多くのベンチャー企業と接しているうちに、その会社が成長するかどうかの答えは現場にしかないことを、痛感していました。現場の活気、社員の態度、取引先やお客様との接し方、経営者の人格、経営哲学などは、いずれも数字で測ることができないものばかりです。それがベンチャー企業への投資では最も大事なことだという持論がありながらも、実際には投資委員会で、書面を中心とした審査で意思決定が行われていく現実に直面し、川分さんは自分でベンチャーキャピタルを立ち上げる決意をしました。

こうして旗揚げしたのが、フューチャーベンチャーキャピタルなのです。時に1998年。ちょうど東証マザーズやナスダック・ジャパンといった、新興企業向けの上場市場が整備された時期でした。

またこの時期、「中小企業等投資事業有限責任組合契約に関する法律（通称ファンド法)」が制定され、中小企業総合事業団(現中小企業基盤整備機構)が、この法律に基づいて設立されたファンドに出資できるようになり、その制度を民間企業で最初に利用したのが、フューチャーベンチャーキャピタルでした。

ベンチャー企業の資金調達手段が徐々に整備されるなか、私たちは現場主義を貫き、担当者ができるだけ投資先企業の経営に関与して、伴走者になりながら、共に成長を目指すベンチャーキャピタルとして、スタートを切ったのです。しかも、アーリーステージといって、設立されて間もない、まだ実績もほとんど出ていないような会社にも、積極的に投資していきました。

地方発ベンチャー企業への投資を活発化

2001年、地元にベンチャーキャピタルを誘致したいというオファーを石川県からいただきました。もともと私たちは、ベンチャー投資ファンドで地域活性化ができるのではないかと考えていたこともあり、協力させていただくことになりました。

金沢市に事務所を立ち上げ、そこにスタッフを常駐させ、自治体だけでなく、地方銀行、信用金庫や地元の事業会社などからも出資を募ってファンドを組成し、地元の企業を中心に投資するという地域限定ファンドを立ち上げたのです。

そうこうするうちに、今度は岩手県からも声が掛かり、岩手でも事務所を立ち上げて、同じような投資ファンドを組成しました。さらに三重県からもオファーをいただくなど、最終的には10以上の自治体と協力し、それぞれの地域のベンチャー企業へ投資するファンドを次々に立ち上げました。

ただ、この時点における地域ファンドは、今、私たちが取り組んでいる地方創生ファンドとは、性質が異なります。というのも、この時期に次々と立ち上げた地域ファンドは、投資先企業を株式上場させることに最終目標を置いていたからです。

上場企業の大半は、東京を中心とした大都市圏に拠点を置いています。地方発の上場企業数は東京に比べ圧倒的に少ないのが現状です。だからこそ、私たちは地方自治体と協力しながら、地方に上場企業をつくるという目標を掲げ、邁進しました。投資した地元企業が上場し、さらに成長すれば、どんどん産業の裾野が広がり、地元経済に多大なプラス効果をもたらします。

しかし2008年、地域ファンドを立ち上げている中、リーマンショックが起きました。

米国の投資銀行、リーマンブラザーズの破綻による世界同時株安によって、年間の上場企業数が大幅に減少したのです。たとえば２００６年に新規上場した企業の数は１８８社でしたが、２００９年には19社にまで減ってしまいました。その後もなかなか回復せず、２０１０年が22社、２０１１年が37社という具合で、新規上場企業数は低迷を続けました。それだけ上場審査が厳しくなり、急成長している企業でも、審査に通らない状況が続いたのです。

しかも、地方に拠点を置き、地元経済に貢献している良い会社というのは、まれに地方発グローバル企業などもあるにはありますが、ほとんどが急成長志向ではありません。そのような会社が仮に上場までたどり着けたとしても、株式市場の市況が厳しい環境下では、高い株価がつきません。前述したように、ベンチャーキャピタルは投資している10社のうち９社が倒産しても、残りの１社が上場し、株価が大きく値上がりすることによって、収益が得られるというビジネスモデルですから、事業継続性の面で問題が生じてきたのです。

かといって、ＡＩやロボティクス、フィンテックというような、いわゆる流行りものの会社に投資すれば、確かに大ホームランは期待できますが、投機的になりがちで、かつホームランの再現性がなく、それでは地方経済を活性化させていくためのベンチャー投資とは大きく乖離してしまいます。このジレンマに苦しんだのが２０１０

新規上場社数の推移

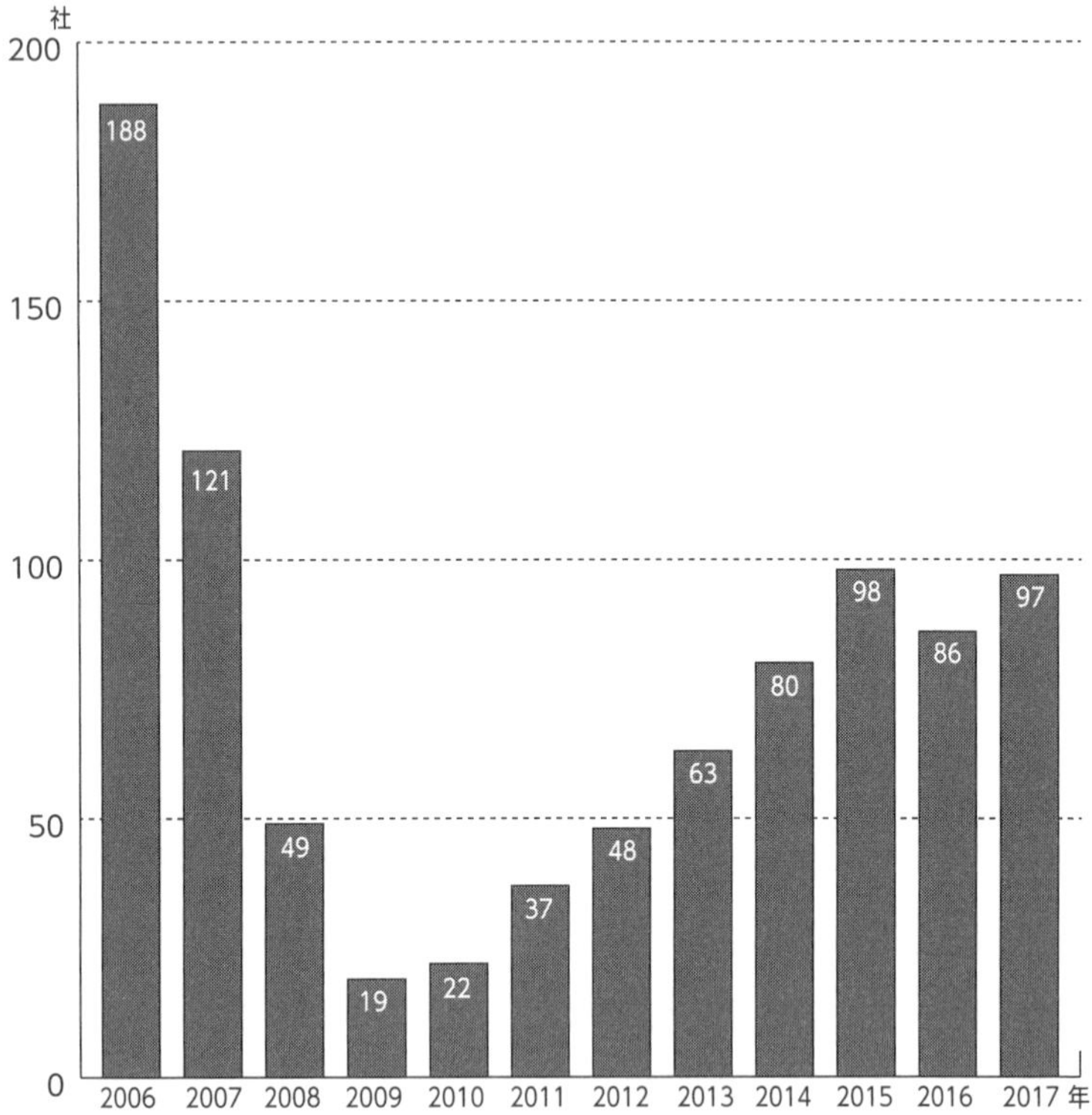

出典：東京証券取引所等公表データを基に作成

年前後でした。

真に社会の役に立てるベンチャーキャピタルとは

リーマンショック後の紆余曲折を経て、私は、「どうすればフューチャーベンチャーキャピタルが世の中にとって役立つ会社になるのか」ということを、真剣に考えました。

なぜ事業継続性に問題が生じたのかを考えると、出資先企業の株式を上場させ、投資した金額の何十倍、何百倍というリターンを得ることで投資回収を図るという、ベンチャーキャピタルのビジネスモデルそのものに問題があるという、一つの答えが見えてきました。そこで、こうした千三つの世界とは違う形で投資回収を図るための方法を確立できれば、新しいベンチャーキャピタルのモデルになるのではないかと考えました。こうして編み出したのが、本書のテーマでもある、地域金融機関とタイアップした形での、地方創生ファンドだったのです。

地方創生ファンドの仕組みについては、第1章で詳しく説明しますが、現在、17本の地方創生ファンドから、百数十社の企業に投資しています。また前述したように、一般的なベンチャーキャピタルは、10社に投資して残るのは1社という程度のかなりリスキーな投資を行いますが、私たちが組成している地方創生ファンドで、デフォルトになった投資先は、現時点においては1社もありません。手前味噌になりますが、これは私たちの出資先を見極めるノウハウが、かなり蓄積されてきたことを物語る好例であると、少しだけ自慢したい気持ちもあります。

「ベンチャーキャピタル」の一般的なイメージは、金融機関というよりも、ハイリスク・ハイリターンを徹底的に追及する投資家のそれでしょう。

しかし、創業して間がなく、資金繰りに苦労している、名もない、信用もないベンチャー企業に対して、事業を継続するために必要な資本を供給しているわけですから、これは立派な金融機関です。

いや、かつてはその手の資金を供給する金融機関があったのです。地域に密着した金融ビジネスを行っている地方銀行や信用金庫、信用組合などがそうです。それが今、ほとんど機能不全の状態に陥っています。その理由は後述しますが、困るのは地域経済を支えているスモールビジネスです。

ベンチャーキャピタルは、上場の可能性の高いベンチャー企業には資金を供給し

当社が組成した各地のファンド

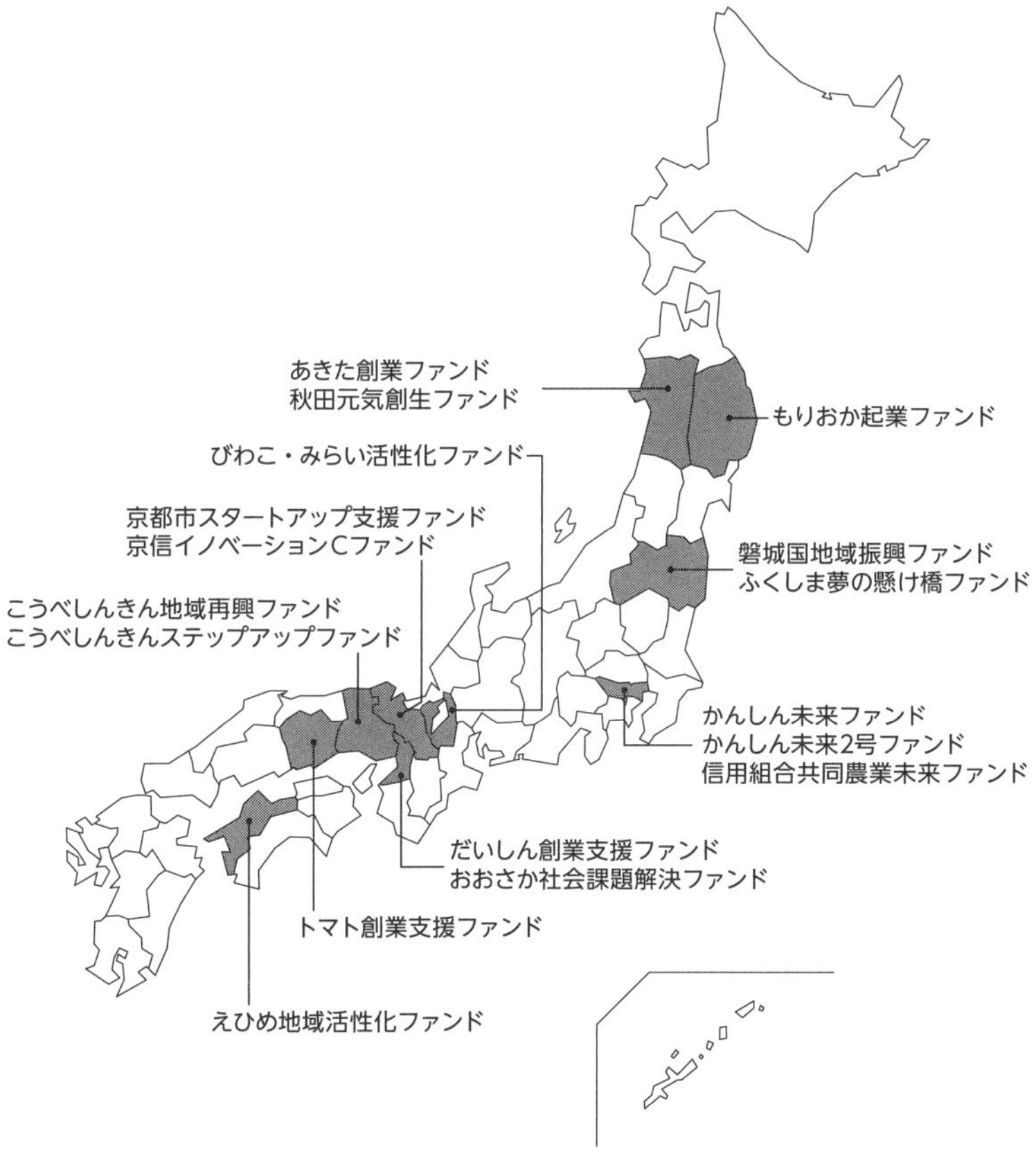

ますが、地方のスモールビジネスは対象外です。となると、地方を拠点に活動している小規模経営の企業は、地域金融機関からも、ベンチャーキャピタルからも資金供給を受けることができず、手元資金だけで経営せざるを得なくなります。これでは、いつまで経ってもビジネスそのものが大きくなりません。結果、地方経済は疲弊化の一途をたどっていきます。

だからこそ、こうした地方のスモールビジネスに資金を供給するためのスキーム（仕組み）が必要になります。フューチャーベンチャーキャピタルは、地域金融機関と協力し、地方のスモールビジネスを支える金融を創り上げていきます。

第1章

地方経済を活性化させるために

人口ボーナスから人口オーナスへ

なぜ、地方創生ファンドが必要とされ、注目され始めているのでしょうか。その理由を知るためには、まず私たち日本が今、どういう状況にあるのかを把握しておく必要がありそうです。

ご存じのように、日本は戦後、焼け野原から立ち上がり、高度な経済成長を遂げ、一時はGDPで米国に次ぐ世界第二位の経済大国にまでのし上がりました。

朝鮮戦争の特需、優秀な官僚、資源の適切な配分、勤勉な国民性、隅々にまで張り巡らされた金融機関網など、いろいろな要因が考えられますが、極めてファンダメンタルズの部分では、人口ボーナスの影響を無視するわけにはいかないでしょう。

人口ボーナスとは、一国の人口構成において、働いている年齢層の人口が非常に多く、相対的に子供や老人の人口が少ない状況のもとで得られる、高度な経済成長のことです。日本で言えば、高度経済成長期の1950～1960年代が、まさに人口ボーナスの効果を存分に享受できた時期と言えるでしょう。

対して、今の日本経済はＧＤＰで中国の後塵を拝し、世界第三位の経済大国という地位に甘んじているのが現状です。これもまたいろいろな要因が考えられますが、やはり一番の問題点は、人口減少によるものだと思います。

そのため、今度は「人口オーナス」が、日本経済にとって最大の足かせになっています。人口オーナスとは、人口ボーナスとは逆に、人口全体で生産年齢人口の割合が少なく、老人の人口比率が高まるとともに、少子化が進む状況のことです。

生産年齢人口が少ないということは、世の中全体に稼ぐ人が少ないわけですから、この状態で経済が活性化するはずがありません。また、少子化が進んでくるため、生産年齢人口の補てんが利かなくなります。働き手が減れば税収不足になり、社会保障にも綻びが生じてきます。

５年に一度行われる国勢調査によると、日本の人口は２０１５年10月１日時点の確定値で１億２７０９万人。日本の人口がピークに達したのが２００８年で、このときの総人口が１億２８０８万４０００人でしたから、この約10年間で日本の人口は、徐々に減少傾向をたどってきたことが分かります。

さて、問題は将来人口がどうなるのか、ということです。現在のペースで人口が減少し続けると、２０５３年には総人口が１億人を割り込み、２０６５年には

8808万人に、目減りしてしまいます。同じく総務省が発表している総人口の推計によると、2115年時点では、最悪のケースだと5056万人になると言われています。

明治維新(1868年)の総人口が3330万人でしたから、140年をかけて約4倍に膨れ上がった後、そこから95年をかけて、再び明治維新の時代に戻ることになります。何も手を打たなければ、人口の大幅な減少は、経済の活力低下に直結し、人口減少によるさまざまな問題は、東京などの大都市よりも先に、地方で深刻の度合いが増していくでしょう。

進む東京一極集中と自治体破綻リスクの高まり

日本の総人口の減少は、もう一つ大きな問題点をはらんでいます。それは、東京への一極集中化です。

総務省の統計で、2018年度版「都道府県別人口と人口増減率」を見ると、東京

日本の将来推計人口

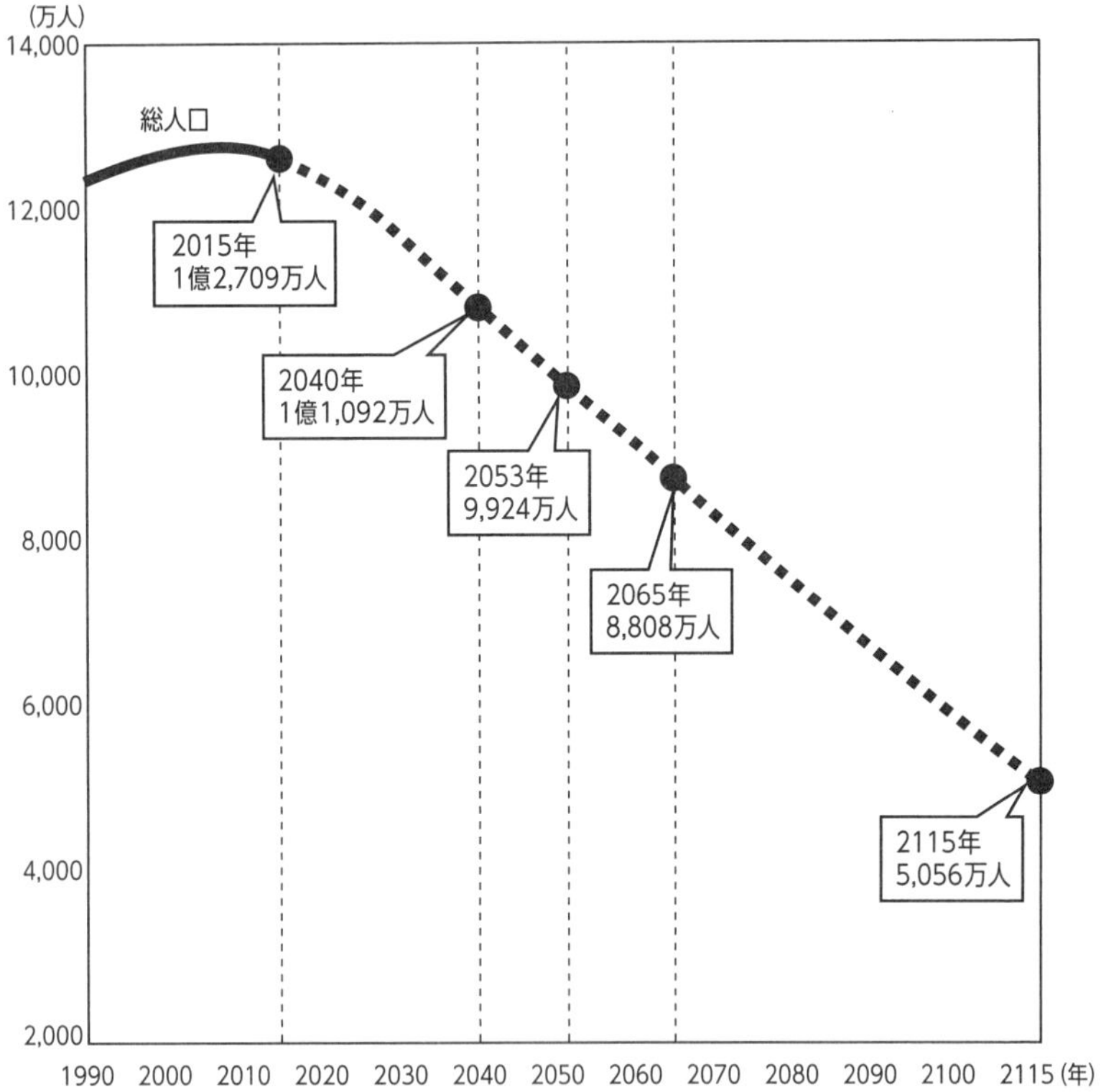

国立社会保障・人口問題研究所(2017年発表)のデータをもとに作成

およびその近郊など一部の県に人口が集中する一方、大半の道府県では人口が減少しているのが見て取れます。

東京に人口が集中する理由は、そこに仕事があるからです。逆に、地方からどんどん人口が流出するのは、仕事がないからです。仕事の有無は、その地域に人が定着するかどうかを決定づける、非常に重要な要因です。

昔、「出稼ぎ」という働き方がありました。東北地方、北陸・信越地方など寒い土地で農業をしている人たちが、農閑期である冬の時期に、東京をはじめとする都市部まで出てきて、建設現場などで働き、所得を確保したのです。

出稼ぎの人たちは、数カ月働いた後、また自分たちの故郷に戻り、春から秋にかけては農作業を行いました。しかし今は、故郷を出た後、そのまま都心に定住するパターンが一般的です。地方で働いても所得が増えない、あるいは仕事そのものがないという理由で、故郷を後にする人が増える一方、選びさえしなければ仕事に事欠かない都心には、地方から大勢の人が集まるようになったのです。

都心にばかり人が集まるようになると、世の中にはさまざまな歪みが生じてきます。

まず、地方経済は悲惨なことになります。消費意欲が強い若者世代が流出すれば、

都道府県別人口増減率

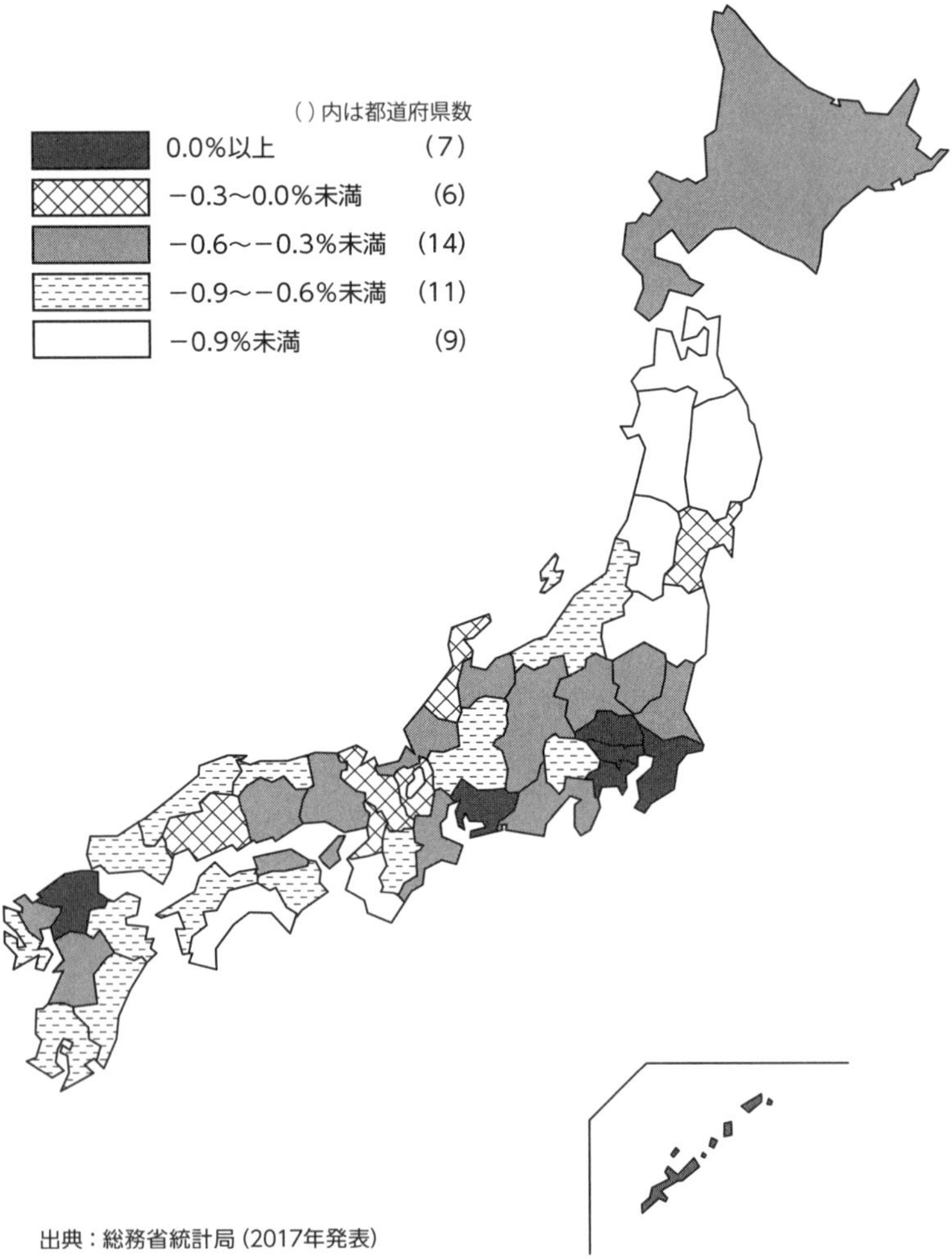

出典：総務省統計局（2017年発表）

地元に残るのは高齢者ばかりになります。そのようなところに進出しようという企業はありません。結果、ますます地方では働く場がなくなり、さらにその地方からは人口が流出していきます。まさに悪循環です。

当然、公共サービスの質も低下していきます。働き手がいなくなれば、税収がどんどん落ち込み、公共サービスを充実させることはできません。また子供の数が減れば、学校は統合・閉校されていきます。これでは地方の教育水準は大きく落ち込んでしまいます。

教育水準の低いところで子供を育てたいとは思いませんから、家族全員で教育施設が充実している地域に引っ越そうとするでしょう。ますます、地方から人がいなくなります。

そして、最後の最後には、人がどんどんいなくなって税収が減少し、財政破綻に陥る地方自治体が増えていきます。「自治体の破綻」など、恐らく多くの人は想像すらできないでしょう。しかし、北海道の夕張市は、２００７年に「財政再建団体」に指定され、事実上、国の管理下に置かれました。財政が破綻したのです。

あれから12年。夕張市は今、どうなっているのでしょうか。市民税や軽自動車税は引き上げられ、水道料金は東京23区の倍だそうです。もちろん公共施設も軒並み閉鎖です。夕張市役所で働く若手職員は将来が見えないことに絶望し、どんどん辞めてしまい、市民に対する公共サービスの質は、劇的に悪化しました。

ちなみに夕張市の人口は、最盛期だった１９６０年には11万６９０８人だったのが、財政破綻した２００７年時点では1万２３０７人まで減っていました。人口流出には全く歯止めが掛からず、２０１８年９月時点のそれは８２１１人です。

多くの地方から人口が流出する状態が続けば、第二、第三の夕張市がいつ出てきてもおかしくありません。だからこそ、地方経済を盛り上げるための方法を、私たちは早急に考えていかなければならないのです。

一極集中は東京にとっても大きな問題

ところで東京一極集中は、東京にとって良いことばかりではありません。最大の問題は、東京が受け止められる人口の許容量をオーバーしてしまうことです。

すでに、その現象は現れています。たとえばタワーマンション。巨大マンションが建つのはよいのですが、そこに流入してくる大勢の人々を受け入れられるだけのインフラが、果たしてきちんと整っているのでしょうか。駅構内の大混雑、幼稚園や小学校など教育施設の不足、道路の渋滞など問題は山積みです。

もっと深刻な問題もあります。テロや自然災害などでさまざまな都市機能が集中している東京の機能が停止すれば日本全体の機能がストップする事態が生じかねません。そうなれば経済だけでなく、治安や国防など、幅広い分野で日本に対する信頼が揺らいでしまうでしょう。

また長い目で見れば、東京への人口集中は、いずれ人口の減少につながる恐れがあります。

東京の人口は自然増減で見るとマイナスです。子供がたくさん生まれて増えているのではなく、他の道府県から東京に引っ越してきた人が多くて、全体の人口が増えているからです。地方で高齢化が進み、若者人口が減少していくと、今度は東京を目指す人がいなくなってしまいます。これでは、いずれ東京も人口が目減りすることになります。そうなったとき、日本全体で人口減少のスピードが一気に加速するでしょう。

何も手を打たずにいれば、このまま日本経済は失速します。だからこそ、次の世代に少しでも良い日本を残すため、私たちは、地方創生に向けたあらゆる取り組みを行う必要があるのです。

バブル崩壊後の金融機関

金融機関は、経済活動において非常に重要な役割を担っています。経済活動において、お金は血液にたとえられます。金融機関は、その血液であるお金を、個々人や企業、国・自治体に送り込む心臓のような存在なのです。

企業が自己資金だけで経営を行っていては、いつまで経っても事業規模は大きくなりません。銀行から資金を借り入れ、それを設備投資に回すことでより大きな生産体制を構築し、それに見合う仕入れを行うことで、より多くの製品を市場に投入できるようになります。

個人であれば、住宅を購入する際に金融機関で住宅ローンを組んだり、カードローンで買い物をしたりしますし、国や自治体なら、社会インフラを整備する際に、金融機関から資金を借り入れます。

もちろん、金融機関は自己資金で個人や企業、国・自治体に融資するわけではありません。こうした融資に回す資金は、預金を通じて集められています。また預金を通じて金融機関に集まってくる資金は、企業が経済活動を行ったことで得た利益、あるいは個人が働いて得た給料の一部です。

つまり、企業が得た利益や個人が得た給料の一部を預金を通じて金融機関に集め、金融機関は集まった資金を企業や個人、国・自治体に融資し、それらの経済活動によって得られた収益の一部が再び銀行預金に集められ、それがさらなる融資に回され……、という具合に、金融機関を核にして、世の中全体にお金が回るようになっています。これが金融の基本的な仕組みです。

日本は戦時中、連合軍の空襲を受けて焼け野原になりました。その状態から、なぜ奇跡的な発展を遂げることができたのでしょうか。

前述したように、人口ボーナスがあったことは非常に大きかったわけですが、それとともに当時の金融行政が、金融を通じて日本全国、隅々にまでお金が行き渡るような仕組みを構築したことも、戦後日本経済の高度成長に大きく寄与しました。しかも、金融機関同士がお互いにつぶし合うような競争をしないよう、預金金利や貸出金利は、どの銀行も同じという「規制金利」が敷かれていたのです。

そのうえで、「業際の垣根」も張られていました。具体的には、次のような役割分担が、金融機関に与えられていたのです。

長期信用銀行……主に大企業向け長期資金の融資
都市銀行…………主に大企業向け短期資金の融資
地方銀行…………地方の比較的経営規模が大きな企業に対する融資
信用金庫…………地方の中小企業、個人向け融資
信用組合…………組合員を対象にした融資

もちろん、多少は融資先がかぶるケースもありますが、基本的にどこに、どのような資金を融資するかは、金融機関の業態ごとに線引きされていました。規制金利とあいまって、日本の金融機関は長年にわたり、競争のない世界が続いていたのです。結果、金融機関同士でつぶし合うような競争もなく、金融機関は日本国内の隅々にまで資金を提供してきました。

この時期、金融機関は日本の高度経済成長に乗って登場してきた、さまざまな今で言うところのベンチャー企業に資金を提供し、場合によっては経営指南的なことも行いながら、ともに業容を拡大していったのです。もちろん、いろいろな意見はあると思いますが、今に比べれば、金融機関と企業は、蜜月の関係にあったと言えるで

しょう。

しかし、1990年代に入ってから、金融・金利の自由化が加速度的に進み、同時に日本経済のバブルが崩壊したことで、状況が大きく変わってきました。

バブル崩壊の何が問題だったのかというと、やはり銀行をはじめとする金融機関に多額の不良債権が発生したことだと思います。融資先が持っている不動産を担保にしてどんどん融資を行うのが、1980年代から1990年代前半にかけて文字通り「横行」しました。当時、日本全国で不動産価格が値上がりしていたので、融資する際の担保に不動産を押さえておけば、それで安心と考える行員が大勢いたのです。

ところが、日本を襲ったバブル経済の崩壊は、「絶対に大丈夫だ」と思われていた不動産を担保に多額の融資を行っていた銀行に、大きな打撃を与えました。

まず、深刻な不景気で、融資先の業績が急速に冷え込み、銀行から融資を受けていた企業の返済が滞り始めました。

もちろん返済が滞ったとしても、銀行は不動産を担保に押さえていましたから、最悪、それを売却すれば回収できるはずでした。ところが、当時の大蔵省が行った不動産融資規制が思いのほか効果を発揮してしまい、日本全国で不動産価格が暴落したのです。銀行は融資先が焦げつくばかりでなく、担保価値まで大幅に下落してしまい、回収不可能な状態にまで追い込まれてしまいました。こうして、日本の銀行は多額の不良債権を抱え込み、全く身動きできない状況に追い込まれたのです。

当然、新規融資を積極的に行い、収益機会を増やすことはできません。確かに新規融資を積極的に行えば、利ざやは増え、銀行の収益にとってプラスですが、大きな問題があります。銀行にとってみれば、新規融資は自らが抱え込んでいるリスクを増大させるようなものなのです。

しかも、ここに「金融検査マニュアル」なるものが登場します。北海道拓殖銀行、三洋証券、山一証券、日本長期信用銀行、日本債券信用銀行と、日本を代表する大手金融機関が相次いで経営破綻に追い込まれたことがきっかけでした。

金融検査マニュアルとは、その名の通り、金融庁の検査官が銀行等の金融機関を検査する際に用いるマニュアルのことで、ここに記載されている基準に準じて、金融機関は融資先を査定しなければなりません。

金融庁としては、金融機関の放漫な融資に歯止めを掛けたいと考えたのでしょう。当時の銀行が行っていた放漫融資の現状を見れば、監督官庁としてそのように考えるのも無理はありません。

ところが、この金融検査マニュアルは、別の弊害をもたらしました。結論から言うと、ベンチャー企業への融資が難しくなったのです。

金融庁の検査官は定期的に銀行を回り、金融検査マニュアルに沿って、健全な経営が行われているかどうかをチェックします。これに対して銀行は、金融庁検査が入ったとき、何も問題が生じないように、自分たちが融資をしている企業に対する査定を行っています。これを「自己査定」と言います。そして融資先企業の経営状態、財務状態に応じて、「正常先」、「要注意先」、「破綻懸念先」、「実質破綻先」、「破綻先」という5段階に分類し、それぞれについて引当金を積み上げるのです。

引当率を見ると、正常先は融資金額に対して平均0・7％ですから、仮に1000万円を融資していれば、引当金は7万円です。ところが、要注意先は平均55・5％にもなりますから、融資金額が1000万円だと555万円もの引当金を計上しなければなりません。しかもベンチャー企業、とりわけ立ち上がったばかりのベンチャー企業になると、決算書も業績もないので、金融検査マニュアルに書かれているような定量評価によって、貸せるかどうかを判断すること自体が不可能ですし、そもそも定量評価をするための数字がないので、融資した途端、自己査定して引当金を積むことになります。

引当金は銀行にとって費用計上ですから、積まずに済むものなら、積みたくないと考えます。結果、銀行はベンチャー企業に極力、融資しないという流れが出来上がってしまいました。

しかも、この金融検査マニュアルは、銀行だけでなく信用金庫、信用組合、労働金庫、農業協同組合、漁業協同組合など、中小金融機関にもあまねく適用されました。これによって、預金を扱っている金融機関は総すくみの状態になり、リスクを取って、立ち上がったばかりのベンチャー企業に融資を実行しようという金融機関がいなくなってしまったのです。

金融検査マニュアル廃止後の融資姿勢

この安全重視の「金融検査マニュアル」は、２０１７年11月に廃止が発表されました。具体的には２０１８年度が終了した時点で、金融検査マニュアルはなくなります。２０１８年度終了時点ですから、２０１９年３月までです。

金融検査マニュアルの廃止によって、確かに融資の自由度は、これまでに比べて格段に高まるでしょう。金融検査マニュアルによって、銀行はとにかく不良債権を作らないように、リスクをできるだけ避けた融資姿勢を取ってきましたが、その足かせがなくなるのですから、今後は立ち上がったばかりのベンチャー企業に対しても、銀行がどんどん融資するのではないかという期待が高まるのも、無理はありません。

しかし、そう簡単に融資姿勢を180度転換できるはずがありません。何しろ、金融検査マニュアルが制定されたのが1999年のことですから、かれこれ20年近い歳月が流れています。恐らく、今の銀行にいる融資担当者の大半は、金融検査マニュアルに基づいて融資先を判断することに慣れていますから、銀行の審査機能自体がかなり低下しているものと考えられます。

約20年も続いた金融検査マニュアルを廃止して、金融庁は金融機関に対してどのような融資姿勢を期待しているのかということですが、これが「事業性評価融資」です。

事業性評価融資とは、決算書の中身、保証協会の保証付き融資、あるいは担保の有無で融資の可否を判断するのではなく、事業の中身、成長の可能性なども加味して融資の可否を判断したうえで行われる融資のことです。

ある意味、銀行融資の原点に戻ったとも言えるのですが、一番の問題点は銀行の審査能力です。前述したように、金融検査マニュアルに基づいた審査に慣れている今の銀行員が、事業性評価融資に変わったからといって、どこまで迅速に対応できるのか。ここが今後の融資において、大きな注目点になりそうです。

ちなみに金融機関が事業性評価融資を行うにあたっては、経営者の経営能力や経営理念、経営ビジョンの他、決算書の数字には出てこない会社の強みなども考慮しなければなりません。もちろん、今後の事業計画も必要です。

「決算書の数字には出てこない会社の強み」というのが何とも悩ましいところですが、これはざっと考えると、次のようなものがあると考えられます。

・優秀な人材がいるかどうか
・高度なノウハウや技術
・優良な顧客資産
・幅広い社外ネットワーク

これまで画一的に、決められた項目についてチェックボックスに印を付けていけば済んだ金融検査マニュアルに基づいた融資に比べて、事業性評価融資は、融資担当者の人や会社を見る目が問われます。銀行員は優秀な人材が多いのですが、約20年間のブランクを埋め、事業性評価融資がきちんとできるようになるまでには、ある程度の時間を必要とするでしょう。

もちろん、時間が掛かるからといって何もしないわけにはいきません。実際、地方の中小企業の中には、存続させるべき面白い企業がたくさんあります。そういう企業にさまざまな面から精査し欠点ではなく強みを見つけて資金を提供するのが、ベンチャーファンドの役割でもあるのです。

超低金利が融資を困難にする

もう一つ、なかなか金融機関の融資が進まない理由として、超低金利があります。日本の金利の基準である10年国債の利回りは、１９８７年10月時点が６・６％でした。ほぼ無リスク資産なのに、年６・６％の収益が得られること自体、今となっては嘘のような話ですが、２０１８年９月時点の長期金利がどの程度かというと、０・１３％程度です。

それでも、最近、長期金利は上昇ぎみに推移しています。何しろ２０１７年９月には一時、０・００１％を付けたこともありました。

金融機関は、低い預金金利で資金を集め、それに上乗せした金利で融資を行い、この金利差を収益源にしていますが、ここまで金利が下がると、金融機関がいくら融資を行ったとしても、利ざやを稼ぐことができません。

もちろん、融資する際の貸出金利が低くても、預貯金の利率はもっと低いのだから、十分に利ざやは稼げるのではないかという見方もあります。しかし、現実には金融機関同士の競争もかなり激しく、今の貸出金利では、簡単にコスト割れしてしまうのです。

特に、事業性評価融資を行うとなると、その傾向は一段と顕著になります。

前述したように、事業性評価融資にはコストが掛かります。金融検査マニュアルに沿った融資の場合だと、スコアリングで融資できるかどうかを判断すればよかったので、1社に対する融資を行うに際して、それほど手間もコストも掛からずに済んだのですが、きちんと事業性評価融資を行おうとすると、この会社は本当に将来性があるのかどうかを、1社1社調べて、判断を下さなければなりません。当然、審査は銀行員が行いますので、人件費が掛かります。それが、今のような超低金利では、吸収しきれないのです。

たとえば、1社につき掛かる審査コストが10万円だとしましょう。

融資する金額が1000万円だとした場合、仮に、銀行が中小企業に融資する際に適用される貸出金利と預金利率の利ざやが1％であれば、金額ベースで得られる利ざやは年間10万円です。つまり審査コストと同額であるわけで、これでは銀行は利益を得ることができません。

もちろん、利ざやが1％で、審査コストが10万円だったとしても、これがメガバンクや大手地方銀行のように、数億円単位で融資することができるならば、審査コストは簡単に吸収できます。

しかし、地域金融機関になると、数百万円の融資も多く、なかなか審査コストを吸収することができません。そのため、本当は地方経済を盛り上げる信用金庫や信用組合が超低金利と審査コストの上昇によって、なかなか思い切った融資ができないという、苦しい状況に立たされているのが現実なのです。

それでも、一部の地域金融機関の中には、かなりのリスクを取って、ベンチャー企業に融資しているところもあります。信用金庫や信用組合の場合、協同組合系の金融機関であり、株式を上場していないため、株主代表訴訟のリスクを気にせず、融資できるという側面はあります。ただ、それは非常に稀有なケースです。

さはさりながら、何とか頑張って、創業間もないベンチャー企業に融資したとしましょう。ラッキーなことに、それから順調にその会社の業績が伸び、融資できる金額も大きくなってきたとします。

すると、次にどのようなことが起こるのかというと、それまで融資金額が小さく、逆ざやになるからといって近寄ろうともしなかった大手地方銀行、あるいはメガバンクに安い金利を餌にさらわれてしまうのです。信用金庫からすれば、なんとか頑張って育て上げ、これからいよいよ収益をもたらしてくれると思った矢先、自分のところよりも経営規模が大きな金融機関にさらわれてしまうのですから、やり切れません。これでは創業支援の融資など、バカバカしくてやっていられません。結果、ますます創業支援融資が滞ってしまうのです。

しかし、創業支援のためのお金が出て来ないとなると、その地域には新しい血が生まれて来ず、ますます経済が後退してしまいます。これは、地域金融機関にとって大きなジレンマだと思います。

だからこそ、融資という形態ではなく、創業を支援し、地域経済の活性化に資する地方創生ファンドを地域ごとに立ち上げる、あるいは何らかの形で創業を支援し、そこにお金をつけていく仕組みを作る必要があるのです。

危機感のあるところから新しいサービスが生まれる

非常に厳しい状況にある地方経済ですが、そこから何とか脱しようという動きがあるのも事実です。

その好例が秋田県です。

秋田県は豊かな農業県ですから「とりあえず食べることには困らないだろう」というのんびりしたところがあると言われています。

ところが、実際、秋田県に行って、地元の方々と意見交換をして分かることですが、今、秋田県の方々は、自分たちの未来に対して危機感を抱いています。そして「何もしないより、多少のリスクがあったとしても何かをやった方がいい」と思っている方々がいることも事実です。これは「変わる」ことへの力が大きく働くことでもあります。熱い情熱が大事で、危機感を持っている人がいるということは、新しいサービス、ビジネスが誕生するきっかけになるとも言えるでしょう。

自分たちの周りに課題があればあるほど、それを解決しようという方に意識が向かうため、さまざまな工夫をします。

序章でアメリカのコロラド州が全米で最も起業率が高いという話をしましたが、それと同じで、今の秋田県では、まさに自分たちの生活をより良くするための課題解決を目指したスモールビジネスの起業が増えているのです。

その証左というわけではないのですが、私たちは秋田県で2本の地方創生ファンドを立ち上げ、現在も投資を継続中です。

一つは秋田信用金庫と秋田周辺広域市町村圏の自治体（秋田市、男鹿市、潟上市、五城目町、八郎潟町、井川町、大潟村）とで組成したあきた創業ファンドです。投資の対象は上場して世界シェアを取りにいくといった、いわゆるベンチャーらしいベンチャー企業ではなく、地元に根付いたビジネス展開を考えている創業期の会社に投資するファンドです。

コロラド州で起業しているミレニアル世代ではありませんが、実は秋田でも同じような現象が生じています。今、30代、40代の人たちで秋田県内に住んでいる人、結婚を機に秋田県に引っ越してきた人、あるいは大企業の秋田支社などに勤めていたのだけれども、住んでいるうちに秋田県が大好きになり、退職した人たちなど、愛県心を持っている方が多く、県外でさまざまな経験を積んだ方々が帰郷し、センスある事業で起業しているケースも見られます。いろいろなケースはありますが、こうした人たちがスモールビジネスを始めています。そういう起業家が必要とする資金を提供するのが、あきた創業ファンドです。

もう一つは、秋田県信用組合と全国信用協同組合連合会が一緒に組成している秋田元気創生ファンドです。

あきた創業ファンドは、さまざまな創業期のベンチャー企業に投資するものですが、秋田元気創生ファンドは、1社に対してのみ投資を行う、ターゲットファンドです。

これは秋田県信用組合の北林貞男理事長の想いが詰まったベンチャーファンドです。秋田県という土地は、他の都道府県と比べて絶対に負けないものがあります。それは、自然資源が豊富ということです。具体的には水、風、木のことですが、これらはいずれも再生可能エネルギーのもとになるものです。水は「水力」、風は「風力」、木は「バイオマス」です。こうしたものが秋田県内には豊富に存在するため、再生可能エネルギーの発電事業を秋田県に引っ張ってくることができれば、それが将来の秋田県を支える大きな産業になるのではないか、という期待があります。

そこで、秋田元気創生ファンドは、小水力発電の会社に投資することを検討しました。小水力発電は「マイクロ水力発電」とも言われるもので、用水路や小河川、道路の横に設けられている側溝の水流などを用いて発電するというものです。

水力発電というと、莫大な予算を用いて、巨大なダムを建築するというイメージがあり、それが自然破壊につながるとの見方もあります。これに対して小水力発電は、ダムの建設は一切不要で、小さな水流さえあれば、比較的簡単な工事をするだけで発電ができることから、今、非常に注目されている再生可能エネルギーです。このファンドで2億円の資金を集め、小水力発電の会社に投資しています。恐らく将来的には、バイオマス発電、風力発電など、さまざまなタイプの発電を行う会社に投資するようになるかもしれません。

このように、秋田県では2本のファンドを通じて、県内に新しい産業を興そうという機運が盛り上がっています。

恐らく、これは秋田県だけの特殊事情ではありません。どの道府県であったとしても、創業支援型のファンドを組成することによって、地元企業をバックアップし、新しい会社、ひいては産業を育成できるかもしれません。

私たちはこれから、年間1000社を目標値として、創業したばかりの会社に投資していこうと考えています。創業期の投資金額は1社につき1000万円程度ですから、1000社に投資したとしても、わずかに100億円です。日銀の資金循環統計によると、個人が持っている現預金だけでも971兆円あるわけですから、100億円はごくごくわずかな金額でしかありません。

とはいえ、創業期の会社1000社を対象に、リスクマネーを供給できたら、それはかなりのインパクトをもたらします。それが、たったの100億円でできるのですから、この手の金融スキームを、もっと増やせればと考えています。

地方創生ファンドの立ち位置

前述したように、「ファンド」は基金のことであり、金融業界では「投資するために集めた資金」という意味で用いるのが一般的です。

この意味合いで考えると、「ファンド」といっても、実にさまざまな種類があることに気づかれると思います。身近なところでは投資信託も、ファンドの一種です。

たとえば、誰からお金を集めるのかという観点から分類すると、多数の人を対象に幅広くお金を集めるファンドと、特定少数の投資家からお金を集めるファンドがあります。

投資信託は不特定多数の投資家を対象にしたファンドです。このように、大勢の人からお金を集めて組成されるファンドのことを「公募ファンド」といいます。

一方、特定少数の投資家を対象にしたファンドもあります。一般的には「私募ファンド」と言われます。私募を名乗る以上、募集を掛けられる人数に制約が課せられます。具体的には、2名以上50名未満の投資家を対象にして勧誘を行う投資信託や500名未満の投資家を対象にして勧誘を行う組合型ファンド、1名以上の機関投資家（プロ）と50名未満の一定の要件をクリアした投資家を対象としたプロ向けファンドなどが、私募ファンドに分類されます。

フューチャーベンチャーキャピタルが組成している地方創生ファンドは、基本的に私募ファンド（その中でもプロ向け）です。投資信託のように、不特定多数の投資家からはお金を集めません。また、投資信託は主に個人を販売対象としていますが、フューチャーベンチャーキャピタルが組成している地方創生ファンドは、個人ではなく、地方の金融機関に出資してもらっています。個人が出資することはありません。

公募ファンドと私募ファンドの違いは、商品設計の自由度にあります。公募ファンドの場合、特に投資信託などは、非常に厳しいレギュレーションが設けられていま す。それでも近年、かなりの程度まで自由化が進められてきましたが、それでも私募ファンドに比べれば、商品設計の自由度に欠けます。

この点、私募ファンドであれば、かなり自由な商品設計が可能になります。たとえば前述した秋田県信用組合の地方創生ファンドは、特定少数どころか、出資者2名しかいませんし、投資対象も複数の株式や債券などでポートフォリオを組むのではなく、1社にしか投資していません。言うなれば、究極の集中投資です。

投資対象も、私募ファンドは公募ファンドに比べて幅広くなります。たとえば、投資信託をはじめとする公募ファンドの場合、投資対象は基本的に上場されている株式や債券です。かつては公募ファンドにも、未上場企業の株式を組み入れて運用するベンチャー株式ファンドが、ファンドそのものを証券取引所に上場する「上場投信」という形式で存在していたのですが、現時点では上場廃止になっており、存在していません。

これに対して私募ファンドの場合は、私たちが組成している地方創生ファンドのように、まだ立ち上がったばかりの、当然ながら株式を上場していない会社にも投資できます。

このように、私募ファンドは商品設計の自由度が高いため、特徴的な投資手法、投資対象を持つファンドがたくさんあります。ざっと列挙してみましょう。

①PEファンド

PEとはPrivate Equityの略です。プライベート・エクイティ、未上場株式のことで、PEファンドは複数の機関投資家から集めた資金をもとに未上場企業の株式に投資し、経営に関与するなどして企業価値を高めた後、株式を売却してリターンを確保します。一般的には、ベンチャーキャピタルや企業再生ファンド、バイアウト・ファンド、MBOファンドなどの総称として、「PEファンド」の名称が用いられます。

②ベンチャーキャピタル

PEファンドの一種。未上場のベンチャー企業に投資するファンドで、投資した先が株式を上場したら投資した株式を市場で売却して利益を確保します。ただし、投資した企業が株式上場までたどり着けないケースも多く、その意味ではハイリスク・ハイリターン投資の典型的なケースです。投資する資金を個人から集めるケースは少なく、事業会社や金融機関等といった機関投資家から資金を集めるのが一般的です。

③企業再生ファンド

ＰＥファンドの一種。投資家から集めた資金でファンドを組成し、過剰債務などによって経営が傾きかけている企業に投資します。もちろん、投資先はどの企業でもよいというわけではなく、たとえば優れた技術を持ち、本業では収益が上がっているのにもかかわらず、経営多角化に失敗し、他の部門で赤字がかさんでいる企業に投資し、経営陣を送り込んで再生を支援します。上場企業に投資するケースもあります。

④バイアウト・ファンド

ＰＥファンドの一種。バイアウトとは買収や買い占めの意味です。業績不振に陥った企業の発行済株式の過半数を買い占め、経営権を掌握して経営陣などを送り込み、リストラクチャリングなどを行って企業価値を回復させた後、売却して利益を確保するというのが、一般的なバイアウト・ファンドの投資手法です。バイアウト・ファンドには、買収先の資産を担保に金融機関から買収資金を借り入れ、投資額を大きく膨らませて、より大きな企業の買収を行うＬＢＯ（レバレッジド・バイアウト）と、経営陣が自社の株式を買い取って、投資先企業の非上場化を行うＭＢＯ（マネジメント・バイアウト）があります。

⑤アクティビストファンド

「物言う株主」などとも言われます。特定企業の株式を一定率保有することによって投資先への発言権を得た後、経営陣に対する積極的な発言、経営関与によって企業価値を高めるファンドです。かつての「村上ファンド」が、日本における代表例です。PBRが1倍を割り込んでいる、あるいは必要以上にキャッシュを保有している企業をターゲットにして、配当の引き上げや自社株買いを要求するケースが一般的です。また、ガバナンスが機能していないと思われる企業に対して、ガバナンスの改善や経営陣の交代を求めるケース、あるいは事業戦略の見直しや分社化など事業戦略を提案して企業価値の向上を目指すタイプのファンドもあります。

⑥ディストレストファンド

経営危機、あるいは破綻した企業が持っている債権を安く買い叩く投資手法を用いたファンドです。平たく言えば、不良債権に投資するファンドということになります。基本的に、この手の破綻企業が持っている債権は、価値が極めて安く見積もられているケースが多いため、投資した後、その企業がうまく再建できれば、債権の価値が上昇して利益を確保することができます。破綻した企業の債権価値がどの程度になるのかは、非常に見極めが難しく、したがってハイリスク・ハイリターンの傾向が強まります。別名「ハゲタカ・ファンド」と呼ばれることもあります。

⑦ヘッジファンド

機関投資家、年金基金など大口の資金提供者から運用資金を集めて運用されます。運用戦略はファンドによってまちまちです。世界経済の動向を予測し、株式や債券、為替、コモディティなどで大きなポジションを張るグローバルマクロ戦略、株式の個別銘柄の買いと株価指数先物の売りを組み合わせて大きいリターンを狙いに行くマーケットニュートラル戦略、企業のM＆Aや倒産、清算といったイベントが生じたときの価格変動を利用して利益を得るイベントドリブン戦略などがあります。

以上、取り上げた私募ファンドは、いずれも相応に高いリターンが期待できる反面、リスクも高くなりがちです。

ファンドの運用で大事なことは「再現性」です。たまたま株価が急騰したため、瞬間風速で非常に高いリターンが実現するケースはありますが、このようにマーケットの動向だけに頼った投資では、常に安定してリターンを上げ続けることは困難です。

もちろん投資の世界に「絶対」はありませんが、できる限り再現性のある運用に近づける努力は必要です。そして、フューチャーベンチャーキャピタルが組成している地方創生ファンドは、どちらかというと、莫大なハイリターンは期待できないものの、再現性のある、安定感の高いリターンの実現を目指しています。

第2章

地方創生ファンド運営の流れと仕組み

地方創生ファンドのつくり方

本書で私が「ファンド」と称しているのは、特に断りがない限り、「投資事業有限責任組合」のことを指しています。

「投資事業有限責任組合」という言葉からも察しがつくかと思いますが、この組合は投資事業を行う目的で設立されるものです。「投資事業」といっても投資対象はさまざまですが、たとえば私たちが組成している地方創生ファンドであれば、地域で活動している創業間もない成長志向企業が投資対象となります。

次に「組合」とは何か、ということですが、投資事業有限責任組合契約に関する法律では「複数の組合員がお金を出し合い、共同で、事業者に対する投資事業を行う契約」と定義づけられています。たとえば私たちフューチャーベンチャーキャピタルや組合に資金を出資している方々が組合員です。

私たちが組成している地方創生ファンドであれば、主に地方の金融機関が組合員になり、私たちと一緒に組合をつくります。組合は、本書で何度も出てくる「ファンド」

と同義と思っていただいて結構です。

組合は組合員によって構成されますが、投資事業有限責任組合における組合員は二つに分かれます。

一つは「有限責任組合員」です。有限責任組合員は、株式会社でいうところの株主と同様に責任の範囲が限定されている組合員です。そのため仮に組合が出資金額を超える損失を負った場合でも、有限責任組合員は出資した金額を超える責任を負わずに済みます。株主となっている会社が倒産しても、株主は、投資している金額を超える責任を負わないのと同じです。

もう一つの組合員が「無限責任組合員」です。無限責任組合員は組合の業務執行を担います。また、その名の通り、無限責任組合員は組合が出資金額を超える損失を負った場合、出資した金額に留まらずその債務に無限責任を負うことになります。

フューチャーベンチャーキャピタルが組成している地方創生ファンドをはじめとしたファンド（組合）においては、基本的にフューチャーベンチャーキャピタルが無限責任組合員になります。そして、組成されたファンドに出資する出資者、たとえば地域金融機関は、有限責任組合員になります。

ちなみに有限責任組合員のことをリミテッドパートナー（ＬＰ）、無限責任組合員のことをゼネラルパートナー（ＧＰ）といいます。

さて、実際に投資事業有限責任組合を組成するに際しては、まず、無限責任組合員と有限責任組合員との間で、組合契約を締結します。組合契約には、どのようなベンチャー企業に投資するのか、組合財産をどのように分配するのか、組合運営期間を何年にするのか、投資資金の回収がうまくいったとき、そのうちの何パーセントを成功報酬として無限責任組合員に支払うのか、組合の運営に掛かるコストをどうするのか、などが規定されます。

現実問題として、組合を運営するにあたっては、人件費をはじめとしてさまざまなコストが掛かります。これらの費用に見合う報酬を組合から無限責任組合員に支払うことになるのですが、その際の費用額をどうするのかについても、細かく決められていきます。

そして、無限責任組合員と有限責任組合員との間で、これらのルールに合意できるならば、その時点で契約を交わして、組合運営がスタートします。

また、組合運営にあたっては、監査を受けることが法律で義務付けられています。年１回、公認会計士または監査人に監査をしてもらい、組合財産を時価評価したうえで、組合員に報告することになっています。したがって、組合決算は、非常に透明

ファンドのスキーム

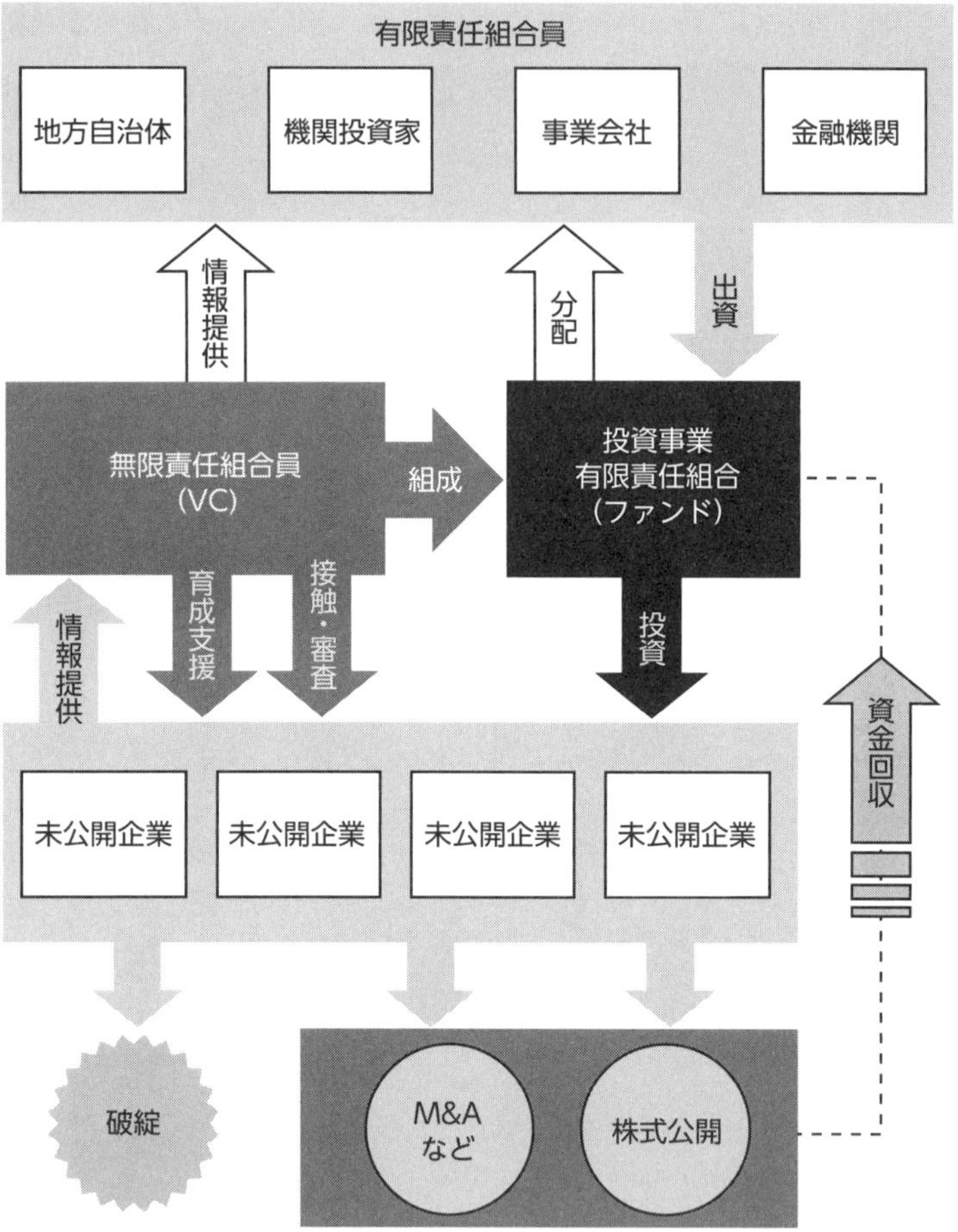
有限責任組合員
地方自治体
機関投資家
事業会社
金融機関
情報提供
分配
出資
無限責任組合員
(VC)
組成
投資事業
有限責任組合
(ファンド)
育成支援
接触・審査
情報提供
投資
資金回収
未公開企業
未公開企業
未公開企業
未公開企業
破綻
M&A
など
株式公開

性が高いと言えるでしょう。

これらの手続きを経て、実際にファンドが立ち上がるまでの期間は、大体２～３カ月程度です。組合契約書の条項を作成し、無限責任組合員と有限責任組合員の双方が印鑑を押して、組合設立すれば、運用開始となります。

具体的には、運用方針、投資対象など、組合設立の前に決めておかなければならない事項はたくさんあります。あるいは無限責任組合員の立場として、有限責任組合員に対して、投資事業有限責任組合とはどういうものなのかを説明するのに、相応の時間が掛かります。

現実問題として、私たちが運営している地方創生ファンドも、契約を締結するまで、出資者からいろいろ聞かれます。

「元本は戻ってくるのですか」

「損するリスクはどのくらいあるのですか」

「そもそもこのようなリスク商品には一切手を出しません」

こうした疑問に一つひとつ丁寧に答えていくには、それなりの時間を必要としますが、それをきちんと行うことによって、ファンドへの理解が深まれば、地元企業の創業支援につながり、ひいては、その地域の発展に寄与するようになるはずです。

なお、投資事業有限責任組合は登記が義務付けられているため、組合設立後、速やかに登記を行います。

投資までの流れ

投資を実行するまでの一連の流れですが、何と言っても投資先企業を見つけることが大事です。いくらお金が集まったとしても、肝心の投資先企業がなければ、運用も何もあったものではありません。投資候補先企業の発掘は、ファンドのリターンも左右するものですから、非常に重要です。

投資候補先企業の選定に際しては、二つの方法があります。

一つはコンテスト形式です。ビジネスプランコンテストを開催し、創業期の企業、起業希望者を発掘します。具体的には、有限責任組合員である地域金融機関の営業エリア内でビジネスプランコンテストを開催、参加者を募り、1次審査で創業者およびベンチャー企業の書類審査を行い、2次審査でビジネスプランのプレゼンテーションション大会を開催します。この大会で入賞した創業者およびベンチャー企業に対する投資審査を行ったうえで、投資を実行します。

もう一つの方法は、自治体や金融機関からの情報提供によって、投資候補先企業を発掘するという方法です。有限責任組合員である金融機関の取引先の他、商工会議所や中小企業診断士、税理士から推薦のあった経営革新計画の認定企業や公的な認定を受けた企業などを、投資候補先企業として選出します。

ある程度、投資候補先企業が決まったら、審査を行います。いわゆる「デューデリジェンス」です。これが終わって投資候補先企業を絞り込んだら、候補先企業に提案する場を設けます。

未上場企業の株式に投資しますから、厳密な投資審査によって株式の価値をきちんと算定し、投資候補先企業と相談しながら、適正な投資金額を決めていきます。そして、お互いに条件が折り合った時点で、投資候補先企業に増資の手続きをしてもらい、増資分をファンドで引き受けるという方法で、投資が実行されます。

また投資候補先企業の審査については、基本的には無限責任組合員であるフューチャーベンチャーキャピタルが行うのですが、審査が終われば何もしないで済むものではありません。具体的には後述しますが、投資した後もモニタリングを継続し、必要に応じて経営支援を行います。

そして、今の経営状態がどうなのかを財務面と事業面からウォッチして、経営支援に活かし、それによって財務面と事業面がどのように改善されたのか、ということを繰り返すことによって、徐々に企業価値を高めていきます。

ただ、経営支援については、もちろん私たちも行いますが、同時に有限責任組合員である地域金融機関にも加わっていただきます。というのも、地方創生ファンドの主役は、あくまでも地域に根差したベンチャー企業であり、そのベンチャー企業と金融面で連携を図っていくべきなのは、フューチャーベンチャーキャピタルだけではなく、有限責任組合員である地域金融機関だからです。

地方創生ファンドは、投資した資金を回収できればよいというものではありません。投資した資金を、できるだけ高いリターンで回収することが目的であれば、他のベンチャーキャピタルと何も変わらなくなってしまいます。資金回収を目的にするならば、新しい産業が集積する東京地域にある上場を目指す企業に資金を投じ、前述したように10社中9社が成功しなかったとしても、残りの1社で高いリターンを実現させ、ファンドの利回りを向上させるという手法の方が、高いパフォーマンスを期待できます。

しかし、私たちが考える地方創生ファンドの最大の狙いは、地域での起業を活性化させることで、地域経済を支え、地方からの人口流出、東京への一極集中によって生じる諸問題を解決することにあります。

それを実現するためには、地域金融機関が地元企業を金融面で支え、ひいては地域のコミュニティを豊かなものにしていくためのエコ・システムを、再構築しなければなりません。それには、地域金融機関と地元ベンチャー企業の連携が何よりも大事になりますから、経営支援の実行に関しては、ファンドに資金を提供して有限責任組合員になっている地域金融機関にもできるだけ協力していただいています。

地方創生ファンドの創設は地域金融機関のビジネスチャンス

結論から言うと、地方創生ファンドは長い目で見て、地域金融機関に大きなビジネスチャンスをもたらします。具体的には、三つのメリットがあると考えています。

第一のメリットとしては、地方創生ファンドを通じて、「地域密着型金融の取り組み」を強化できることです。

私たちと共に地方創生ファンドを立ち上げた地域金融機関は、起業セミナーやビジネスプランコンテストの開催を通じて、その参加者の中から投資先を発掘します。ここで発掘した企業は将来、地域金融機関にとって極めて優良な取引先になる可能性を秘めています。

前述したように、地方創生ファンドは地域金融機関が有限責任組合員となり、地元企業に投資する資金をファンドに入れて初めて、投資が実行されます。その後、投資先企業の事業が軌道に乗れば、その企業価値が上昇します。

そして、ファンドの運用期限が到来するまでに順次、投資先企業の株式を売却することで、ファンドは利益を確保していきます。

ポイントはここから先です。

一般的なベンチャーキャピタルは、上場によって投資先企業の株価が大きく上昇すれば、そこで売却して利益を確定させ、エグジット（EXIT）になります。言い方は悪いのですが、「儲かったらそれで終わり」です。

でも、私たちが地域金融機関と共に組成している地方創生ファンドは、そもそも地元のスモールビジネスを中心にして、そこに資金を提供するのが目的ですから、一般的なベンチャーキャピタルのように、投資先企業に株式を上場させ、それによって多額の売却益を確保するという形のエグジットは考えていません。

もちろん、ファンドの運用期限に向けて、徐々にエグジットしていきますが、その段階で、投資先企業はある程度育っており、かつ実績が数字としてきちんと揃ってくるので、地域金融機関も融資がしやすくなります。ファンドがエグジットした後の資金需要については、そのファンドの有限責任組合員である地域金融機関が、引き続き対応することが可能になるのです。

二つめのメリットは、地方創生に関する取り組みについて、認知度やプレゼンスを向上させることができます。「○○金融機関が地方創生ファンドを組成」という情報が広がれば、地元の人たちは、「この金融機関は地元経済の発展に貢献している」というイメージを持つようになります。地方創生のトップランナーとして金融機関の企業価値も向上するでしょう。

三つめのメリットは、事業性評価のノウハウを取得できることです。ファンドが行う投資審査はまさに事業性評価そのものであり、さらに投資を実行した企業に対して、定期的に経営状況をモニタリングするため、会社の経営状態を把握したうえで、融資の提案、融資審査を行うことが可能になります。

そもそも、創業間もない企業に対してアプローチできなかったのが、金融検査マニュアル時代の地域金融機関だったのですが、ファンドを通じて投資を実行すれば、投資先企業は地域金融機関にとって、将来の融資見込客になります。定期的なモニタリングによって経営状況もリアルタイムで把握できますから、早い段階で将来性のある企業にアプローチできます。

いかがでしょうか。これまで「前例がない」、「実績がない」という理由で創業間もない会社への融資ができなかった地域金融機関でも、地方創生ファンドを組成し、そのファンドを通じて投資すれば、将来有望な地元企業とのつながりができ、将来的にはそれが融資につながる可能性もあるのです。

また、ファンドによる資金提供が行われたということは、投資先企業に外部の目が入ることになります。当然、私たちは「しっかりとした経営を行うべきだ」と考えていますから、粉飾決算とまではいかなくても、投資先企業の内部で、何か経営にとってイレギュラーなことをやろうとしていれば、当然のことですが、「それはダメです」とはっきり言います。

また、売上や利益を伸ばすための戦略を立案し、同時にコストを削減するための方法も考えたうえで、投資先企業の社長、経営陣たちとディスカッションを行います。

それは、地域金融機関にとって、非常にメリットのあることだと思います。何しろ、金融検査マニュアルによって、地方銀行をはじめとする地域金融機関は、審査能力のかなりの部分を失ってしまいました。地方創生ファンドは、地域の産業復興に寄与するだけでなく、地域金融機関にも大きく貢献できると確信しています。

そして、地方創生ファンドを通じて、地元に創業を増やすことができれば、それは地域の活性化につながるだけでなく、地域金融機関にとっては、新しいビジネスチャンスにもつながるのです。

地方創生ファンドはこうしてリターンを稼ぐ

ここまで本書を読んでくださった方のなかには、こんな疑問が浮かんでいるのではないでしょうか。

「投資先企業を上場させて高いリターンを狙わなかったら、ベンチャーキャピタルとして立ち行かなくなるのでは？」

ご指摘はごもっともです。特に今は、アベノミクス効果によって、新規上場企業数が増えてきましたから、世の多くのベンチャーキャピタルは、投資先企業の株式上場によって、多額の利益を得ているはずです。

前述したように、なかには未上場時点で投資したときに比べ、何十倍、何百倍もの価値になった会社もあるでしょう。当たり外れがあっても、1社、大化けすれば、損失を補って余りあるだけのリターンが得られるのが、ベンチャー投資の魅力の一つであり、それを存分に享受しているベンチャーキャピタルは、今の段階では多数あるはずです。

しかし、これも前述しましたが、従来型のベンチャーキャピタルは、今のように株式市場が順調なときは上場企業数も多いため、利益につながりやすいのですが、逆に株式市場が冷え込むと、上場企業数が一気に減少するため、ファンドとして収益を上げるチャンスがなくなります。大きく儲かるときもあれば、全く儲からないときもあるように、非常に収益がボラタイルになるのです。

これだけ損益状態がボラタイルになると、ベンチャーキャピタルとしての事業継続性にも赤信号が灯ります。10社のうち1社でも、近々上場する企業の株式に投資していれば、それでも何とかしのげるでしょうが、投資先の大半が上場予定なしとなったら、上場で大きく稼ぐベンチャーキャピタルのビジネスモデルそのものが機能しません。

株価の暴落と、それに続くマーケットの低調期は、周期的に起こります。その度に存続危機に陥るようでは、創業期のベンチャー企業に対して、安定的に資金を提供するベンチャーキャピタルにはなれません。そこで私たちは、もっと収益の蓋然性《がいぜんせい》が高い投資対象に注目しました。

それは、投資対象企業に「種類株式」を発行してもらい、それに投資するのと同時に、投資対象企業の業績が順調に伸びてきたら、その株式を買い戻してもらう方法です。

種類株式とは、特定の条件を付与した株式のことで、条件が異なる2種類以上の株式を発行したとき、初めて種類株式発行会社になります。種類株式を発行できるようにするには、種類株式の発行が定款で定められなければなりません。

種類株式に対して、一般的に発行されているのが「普通株式」です。証券取引所に上場されている株式も、その大半は普通株式です。普通株式とは、権利内容に何の限定もされていない株式のことです。普通株式を保有している投資家は、決算ごとに利益剰余金があれば配当を受けることができますし、株主総会に参加する権利もあります。

これに対して種類株式は、普通株式のように、株主としての権利が満遍なく付与

投資から回収まで

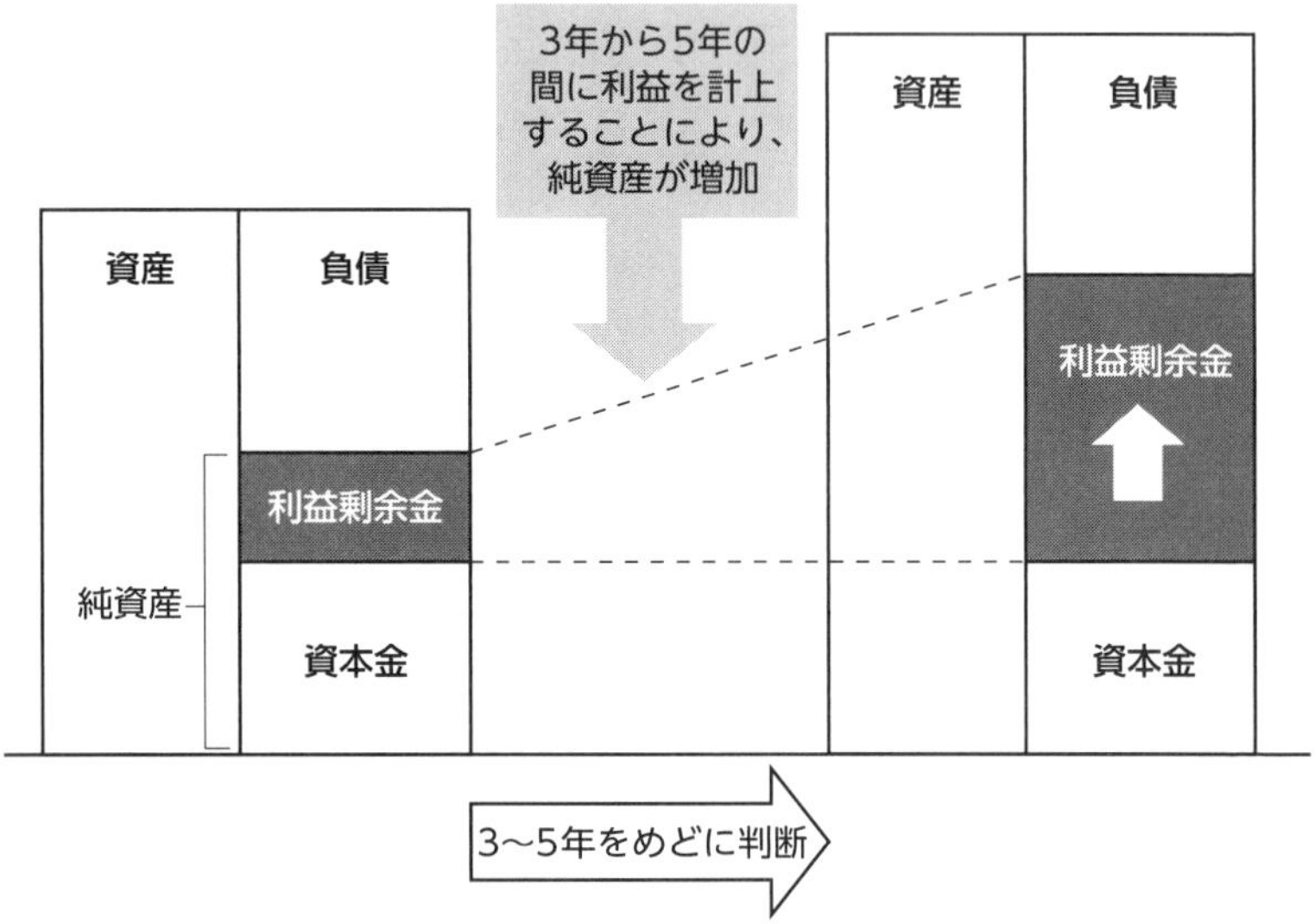
3年から5年の
間に利益を計上
することにより、
純資産が増加
資産
負債
利益剰余金
純資産
資本金
資産
負債
利益剰余金
資本金
3〜5年をめどに判断

されているのではなく、何か特定の条件を有利にする代わりに、他の株主としての権利に制限が課せられていたりします。

種類株式には、次のようなものがあります。

1 優先株式 利益の配当や残余財産の分配が、普通株式など他の株式を保有している投資家よりも優先される権利が付与されている株式のことです。

2 議決権行使条項付株式 株主総会によって議決権を行使することができる事項について、普通株式などの他の株式と異なる定めをした内容の株式のことです。一切の事項について議決権を行使することができない株式とすることもでき、当該株式のことを一般には「無議決権株式」といいます。

3 譲渡制限株式 第三者に株式を譲渡する場合に会社の承認を得る必要がある株式のことです。原則として株式は、株主の意思によって自由に第三者に譲渡できますが、譲渡制限株式とすることによって、特に中小企業の場合、予期せぬ人物が株主になることを防げるのと同時に、株式の分散も防ぐことができます。

4 取得請求権付株式 株主が保有している株式を、その発行企業に対して買い取るように請求できる権利が付与された株式のことです。会社はその対価として現金、普通株式、社債、新株予約権など、あらかじめ定款で定めた財産を分配可能額の範囲内で交付することとなります。

5 取得条項付株式　「定款で定めた一定の事由が生じた場合」、会社が株主の同意を得ずに、強制的に株式を買い取ることができる株式のことです。「定款で定めた一定の事由」は会社の任意で定めることができますが、上場が決定した場合、株主が死亡した場合、株主が破産した場合、会社が定める日が到来した場合、などがあります。

6 全部取得条項付種類株式　株主総会の特別決議において、株主が保有している当該種類株式の全部を会社が買い取ることができる株式のことです。

7 拒否権付株式　株主総会において決議すべき事項のうち、当該種類の種類株主総会の決議が必要となる事項を定めている株式のことです。

8 取締役・監査役選解任付株式　当該種類の種類株主総会において、取締役または監査役を選任・解任することができる株式のことです。

このように、種類株式にはさまざまなタイプがありますが、このうちフューチャーベンチャーキャピタルが運営する地方創生ファンドが投資手法とするのは、4の取得請求権付株式です。

つまり、株主であるファンドが、投資対象企業に対して、保有している株式の買取を請求します。そのとき、たとえば投資した時点の株式の評価額が100だとしたら、150で買い取ってもらうよう、投資先企業との間で事前に取り決めをしておきます。これにより、投資した時点と、買い取ってもらう際の差額が、ファンドのリターンになります。

それでは単なる高利貸しと同じではないかと思われる方もいるかと思いますが、そうではありません。なぜなら、この株式の買取は会社に対して行うもので、会社法でいう自己株式の取得になります。取得請求権付株式による自己株式の取得は配当と同じく、分配可能額（いわゆる内部留保）の中からしか対価を払えませんので、創業期で赤字が続いている状態では取得請求権付株式による自己株式の取得ができません。つまり、事業が軌道に乗って利益が出てきて初めて買取を請求できます。

一方、投資を受ける企業の側から見れば、「自己株式を買い取れるだけの利益が出るようになるのだろうか」という不安はあると思います。たとえば1000万円の投資を受けて、1.5倍で買い戻すとしたら、1500万円の資金が必要になります。

ただ、これをキャッシュで用意する必要はありません。確かに、ある程度の黒字が出ていたとしても、一時的に1500万円のキャッシュアウトが生じれば、経営的に厳しいと思われるかもしれません。そうであれば、地方創生ファンドはもともと地域金融機関と共に組成しているファンドなので、自己株式取得の資金を地域金融機関から融資してもらえばよいのです。

1500万円の自社株買いができるだけの黒字があるのですから、地域金融機関からは十分、お金を借りられる状態にあると考えられます。

もし、これが創業期であれば、金融機関から融資を受けることはまず不可能でしょう。融資してもらえるに足るだけの実績がないからです。

従来、ベンチャーキャピタルには「悪しき習慣」がありました。それは、「もし上場できなかったときは、（投資を受けた会社が）1株につきいくらで買い取る」という投資条件を付けるというものです。

前述したように、基本的にベンチャーキャピタルは、投資先企業が株式を上場して初めて投資成果を上げることができます。投資した企業が上場できないとなれば、ベンチャーキャピタルにとっては、何の利益にもなりません。したがって、投資先企業に上場の見込みがなくなったときは、投資先企業や経営者に買い取ってもらうのです。

ただ、この方法はベンチャーキャピタルが全くリスクを取っていないことになりますので、フェアではありません。これに対して、種類株式を用いた取得請求については、資金の出し手であるファンドと、資金の取り手である投資先企業との間で、非常にフェアな関係を築くことができます。

それとともに、私たちが組成している地方創生ファンドは投資先企業が株式を買い取れるだけの業績になるまで、継続的に経営支援を行います。これによって、投資資金の回収がより確実なものになるのです。

注目すべき「もりおか起業ファンド」の実例

フューチャーベンチャーキャピタルが運営する、地方創生ファンドの第1号が、盛岡信用金庫と盛岡市、滝沢市、矢巾町、紫波町を有限責任組合員として組成した「もりおか起業ファンド」でした。

当時、盛岡信用金庫内ではリスクが高いことから、ファンド組成に関して反対の声が上がっていました。しかし同信用金庫の担当役員が中小・小規模事業者の商品開発、販路拡大が、将来の資金需要、地域の雇用拡大につながると確信され、ファンド組成を推し進めていただきました。

また、盛岡市周辺地域の創業間もない経営者や起業を構想している人は、何千万円単位の大口資金より、起業時に必要な数百万円程度の少額資金を必要としており、ニーズがあることも想定できました。

さらに、東日本大震災をきっかけに沿岸部の企業に勤務する人や、技術や経験を有した人材が盛岡市をはじめとする周辺地域で起業することも想定でき、盛岡市近隣市町を巻き込んだファンド組成に至りました。一般的に、地元の起業を支援する目的だけで補助金や助成金を出してしまうと、成果やリターンについて重視されない恐れがあります。

しかし「もりおか起業ファンド」はベンチャー企業に投資する以上、リターンを上げる必要があるため、経営に深く関与し投資先企業の成長支援を行います。

経営支援も行い、投資先企業が成長すれば、リターンを得る確率が高まります。その結果次のファンド組成につながる可能性が高まり、盛岡市周辺地域で、継続性のある投資の実現が可能になります。これが「もりおか起業ファンド」の狙いでもありました。

ファンドに集まった資金は、これが実験的な試みだったこともあり、5000万円でのスタートでしたが、結果は大変好成績でした。「もりおか起業ファンド」は8社に投資して、現時点で既に6社の資金回収を行っていますが、すべて元本以上で回収しています。なかには、投資した金額の2倍で買い戻していただき、その後も成長を続けている投資先企業もあります。

この経験から、私たちは創業間もない企業に投資しても、投資先企業が成長すれば、投資した資金をきちんと回収できることを学んだのです。

創業間もない企業は、資金調達で難航する傾向があるため、あらゆる方法を検討し少しでも資金調達の実現性を高める必要があります。

よくあるケースは、まずは日本政策金融公庫の国民生活事業から融資を受けるという方法です。と言っても、通常、数千万円規模の融資を受けることは困難です。たとえば、新規事業活動促進資金という融資では、融資限度額として7200万円、このうち運転資金で4800万円まで融資が受けられるようになっていますが、創業間もない企業で、この上限額まで目一杯融資を受けられるところは、まずないと思われます。現実的なことを言えば、せいぜい数百万円程度でしょう。

当然、その程度の資金では、新しいビジネスを立ち上げようとしても、できることは自ずと限られてしまいます。

仮に、地方創生ファンドから500万円の投資を受けるとしましょう。将来の買取条件が付与された種類株式での投資とはいえ、この500万円は資本に組み入れられます。日本政策金融公庫からは、自己資本の2倍程度の金額までの融資を受けられますから、地方創生ファンドからの投資を受けた後で、日本政策金融公庫の窓口に行って融資を申し出れば、1000万円の融資を引き出せる可能性があります。地方創生ファンドで受けた投資の500万円を合わせれば、これで合計1500万円の資金を準備できます。創業時にこれだけの資金を準備できれば、ビジネスの幅は格段に広がります。

そこで、私たちは日本政策金融公庫とも連携を取り、創業支援を行っています。融資も投資も活用し、十分な資金を調達して新規事業にチャレンジできるのです。創業間もない企業にとって、これはとても心強いものになり、ファンドに資金を拠出する地域金融機関にとっても、リスクが軽減でき投資が成功する確度が高まります。

これからの創業間もない企業は、金融機関から融資を受けるか、ベンチャーキャピタルから投資を受けるかという二者択一ではなく、融資も投資も積極的に活用して成長を目指すことが、新しいスタイルになっていくでしょう。

投資を実行する際の判断材料は「共感」

次に、投資できる会社と投資できない会社を、どういう観点から分けているのかを説明しましょう。

確かに、私たちが組成している地方創生ファンドは、創業間もない小さな会社を中心にして投資していますが、ボランティアではないので、投資を申し込んできた会社ならどこでも資金を提供するわけではありません。やはり将来、しっかりと利益を上げて、ファンドから株式を買い取れるような会社でないと、投資できないのです。

ファンドのリターンが上がらないと、ファンドに資金を出している有限責任組合員の地域金融機関も、新たな資金を出しにくくなってしまいます。それでは、地域金融機関と地元企業の関係を深め、地元経済の活性化を図り、地方の人口流出と東京への人口集中という大きな社会問題を解決することができなくなります。

したがって、無限責任組合員であるフューチャーベンチャーキャピタルとしては、ファンドに資金を拠出している地域金融機関、ファンドから投資を受け入れている地元企業、そして私たちの三者がハッピーになれるよう、投資先企業を選びます。

何を基準にして選ぶのか、つまり「企業の目利き」ということですが、恐らく多くの方が、ここを気にすると思います。投資信託のファンドマネジャーであれば、企業訪問を繰り返し、経営者、財務担当者にヒアリングをし、現場を見学し、各種財務データをチェックして投資の可否を決めるでしょう。それと同じように、私たちも投資先企業を選定するに際しては、会社の中身をしっかりチェックします。

ゆくゆく上場を目指す会社に投資する場合は、将来的に売上を伸ばしていけるだけの市場規模があるのかどうか、その市場で勝てるだけの競争優位性を兼ね備えているかどうかを見ながら、事業計画の精度も注視します。

事業計画については、本当にそれが実現可能なのかどうかについて、相当程度、裏取りをしますし、計画を実現できるだけの実績をこれまで上げてきたかどうかもチェックします。もちろん、経営者自身の資質も重要なチェック項目です。

ただし、これはあくまでも上場を目指す会社に投資する場合の話です。私たちが組成している地方創生ファンドは、あくまでも創業間もない会社が投資対象ですから、そもそも実績がありませんし、事業計画も次の週にはまるまる変わってしまうケースもあります。ということは、事業計画自体が変わるという前提で目利きをする必要があります。

「それでは判断できない」という意見もあるでしょうが、そもそも創業間もない会社の場合、そのようなことを言っても仕方ありません。そもそも創業間もない会社の場合、最初から事業が軌道に乗ってどんどん儲かり、大成功するケースなど、皆無と言ってもよいでしょう。うまくいかないケースが多いものです。

問題はどううまくいかなかったかです。事業がうまくいかなかったとしても、莫大な負債を背負ってしまってはダメですが、小さな失敗くらいなら許されます。

ベンチャー企業界隈では「ピボット」という言葉があります。これは、最初の事業で失敗した後、違うビジネスに転じて、また失敗しても、他のビジネスを見つけてチャレンジしていくことを意味します。そのチャレンジは、事業が成功を収めるまで続きます。

ここで大事なのは、経営者の「絶対に諦めない」気持ちです。経営者が諦めない限り、たとえ苦境に立たされたとしても、その会社は案外つぶれないものです。いくら高い成長を目指している会社でも、倒産してしまっては元も子もありません。でも、経営者が絶対に諦めない気持ちを強く持っていれば、いつかその会社は成長軌道に乗れる可能性を持ち得ます。

その意味において、創業間もない会社に投資する評価軸は、たびたび変わる事業計画でもなければ、実績でもありません。結局のところ、創業間もない会社が成長するかどうかは、経営者の資質に掛かっているのです。

諦める経営者と、諦めない経営者の境界線はどこにあるのでしょうか。

この答えはとても簡単で、単に自分の生活を豊かにしたいという気持ちだけで仕事をしている経営者は、ちょっとした苦境に立たされただけで、簡単に諦めます。なぜなら、自分が我慢すればよいだけのことだからです。

これに対して諦めない経営者は、自分が豊かになりたいというのとは別のところに、モチベーションがあります。それは、「この社会的課題を解決して、少しでも世の中を良くしたい」、「こんな人たちの役に立ちたい」という想いです。

このような想いを持って仕事をしている経営者は、どれだけ厳しい事態に直面したとしても、絶対といってよいほど諦めません。もちろん、くじけそうになることもあると思いますが、仕事をするうえで大勢の人を巻き込んでいますし、何よりもそういう会社には大勢のファンが付いていています。それだけ大勢の人たちの期待を背負っている以上、そう簡単に諦めるわけにはいかないのだと思います。

応援してくれる人たちが大勢いるのは、それだけ大勢の人たちの共感を呼べるビジネスを行っているからです。共感・感動を得られるビジネスモデルは強い、とも言えるでしょう。

これこそが、私たちが投資先企業を選定する際の、最大の評価軸です。共感・感動を呼べるビジネスをやっているかどうかという点を、私たちは徹底的に追求していきます。

これは、地方創生ファンドの立ち上げを全国で行うなかで、気づいたことなのですが、共感・感動を持っている事業には、非常に強い競争力があります。

ネット社会が本格的に広がる前の会社の競争優位性は、この会社でなければできないこと、あるいは他の人が知らない情報を先に入手できる立場にあることなど、要するに情報の非対称性が利益を生む構造になっていました。ところが、これほどインターネットが普及すると、情報にアクセスしようという意思があれば、誰でも、ほぼどのような情報でも入手できます。

逆の言い方をすると、情報が氾濫しているご時世に、「自分たちだけがやっている」、「自分たちだけが知っている」ことなど、ほとんどないというくらいに考えておいた方がよいでしょう。

そのような時代において、どういう会社が強いのかを考えてみると、仮にサービスや商品が多少未完成であったとしても、コンセプトを発信した途端、それに対してファンがパッと食いついてくるような会社だと思います。ファンの力を借りて、未完成だったサービスや商品は、徐々に完成度を高めていきます。なぜ、それだけファンが付いているのかというと、共感や感動を呼ぶ経営者の想いがあるからです。

共感や感動は、会社にとっては人の流れにもつながっていきます。それはつまり、優秀な人間が集まる条件の一つと言ってもよいでしょう。優秀な人間ほど自己実現欲求が強く、共感や感動を生む仕事に携わっていたいと考える傾向が強いため、より優秀な人材をたくさん雇用できます。

さらにマーケティングの観点から考えると、SNSなどで世界中に情報が駆け巡りますから、商品・サービスの精度は、その会社のファンが一段と高めてくれます。しかも、良い商品・サービスは、ファンがどんどんSNSなどにアップしてくれるので、販売促進費が掛からなくなります。

最後に、商品・サービスの値決めにおいても、機能ではなくその商品・サービスがもたらすストーリーに共感した購買層により、高い値決めが可能です。

このように考えていくと、共感・感動を呼ぶビジネスモデルは、優秀な人材確保につながり、販売促進費用を安く抑えることができ、高い値決めによる利益率の向上が期待できます。それに加えて、経営者がものすごく大きな壁に直面しても全く諦めないタイプとなれば、もう鬼に金棒です。極めて高い競争力を発揮するでしょうし、それによって結果的には強い経営体質を持つに至ります。

私たちフューチャーベンチャーキャピタルは、常にそういう企業を探しているのです。

乗っ取るわけではありません！

ファンドと聞くと、有望な企業を乗っ取ってしまうのでは、と思っている方もいるかもしれません。

これは非常に誤解が多い点なので、はっきり申し上げたいと思います。

私たちは、あくまでも創業支援ファンドであって、買収ファンドではありません。

なぜ、このように申し上げるのかというと、「ファンド」という言葉を聞いた途端、「買収されるのではないか」という疑念を抱く会社が結構多いからです。いや、会社というよりも、その会社と顧問契約を結んでいる弁護士、税理士、司法書士といった士業の方々が、創業支援ファンドの実態をほとんど理解していないまま、「ファンド」という言葉に過剰反応し、自分の顧客である会社経営者に、「そんなファンドからの出資を受けたら、そのうち会社を乗っ取られますよ」などと、間違った知識に基づいたアドバイスをしているフシがあるのです。

資本金が1000万円の会社に対して、私たちがファンドを通じて1000万円の資金を、増資を通じて投資したとしましょう。これによって資本金の額は2000万円になり、その50%に相当する株式を、私たちのファンドで保有する形になるため、会社の経営に口を挟まれるのではないかと懸念する声があるのは事実です。というのも、株式の保有割合が50%以上になると、普通決議を単独で阻止できるからです。

普通決議とは、配当金や役員報酬の決定、役員の選任・解任が含まれます。これらの普通決議を単独で阻止できるのですから、会社の経営者が経営判断を下す際、その反対を唱えて会社の円滑な運営を妨害できるようになるのです。ましてや51%の株式を保有されたら、普通決議を単独で成立できるようになります。つまり、ファンドが自分たちにとって都合の良い役員、あるいは経営者を送り込むことができるのです。まさに乗っ取りです。

しかし、私たちが投資先企業に種類株式で増資してもらう際には、普通株式にはつきものの議決権を外し、無議決権でかつ取得請求権が付いた種類株式で行います。無議決権株式ですから、どれだけ保有比率が上がったとしても、株主総会に参加し、議決権を振りかざして暴れるなんてことは、絶対にできません。

その意味では、安心して地方創生ファンドからの出資を受けていただきたいと思いますし、私たちからすれば上場とまではいかないまでも、ちゃんと利益が出る会社に育ってもらわないと投資資金が回収できなくなるので、投資先企業の経営を全力でサポートします。

現場主義で目利きを育てる

ファンドの運営でもう一つ、非常に重要なことがあります。

私たちが組成する地方創生ファンドは投資先企業の経営に積極的に関与していきます。ということは、経営のことを知っている人材でなければ、私たちのファンドで働くことはできない、と普通の人は考えるはずです。

確かに、全く経済や金融のことを知らなければ、私たちの会社でなかったとしても、ベンチャーキャピタル業界で働き続けるのは、不可能と言ってもよいでしょう。だからといって米国のビジネススクールに留学し、経営やファイナンスについて学ぶ必要はありません。もちろん、留学は決して無駄なことではなく、語学力も付きますし、組織運営やコミュニケーションなど、企業経営に必要なスキルが身に付きますから、留学するチャンスがあるならば、それは積極的に活かすべきだと思います。ただ、ベンチャーキャピタルで投資判断を下す担当者として大成するのに、海外留学などで学んだ知識は、それほど必要ではありません。机の前に座り、さまざまな参考書を開いて、投資先企業が属している業界の知識を得ようとしても、あるいは得たとしても、現場に張り付いて、自分の足で稼いだ業界の知識には、全く敵わないでしょう。つまり現場主義こそが、経営の目利きを育てる唯一無二の考え方だと思うのです。

よく考えてみれば当たり前のことです。投資先企業から教えてもらう知識の方が、座学で得た知識などよりも、はるかに有益です。何といってもリアルな情報ですし、企業側もさまざまな情報を総合的に検討したうえで、今の経営判断を下しているわけですから、経営判断の精度は非常に高い水準にあります。

会社の経営規模の大小とは関係なく、日々、さまざまなタイプの経営者と会って話をしているうちに、多くのベンチャーキャピタリストは現場で起こった経営課題について、自分の頭で真剣に考え、自分事として関与するようになります。

もちろん、時には失敗することもありますし、全然役に立てなかったということもあります。その状況をひっくり返そうとして新しい提案を行ったら、それが裏目に出てしまったということも、ベンチャーキャピタリストという仕事をしているうちには、幾度となく直面します。

ただ、そういう経験を積み重ねていくうちに、人間は徐々に成長していきます。まさに現場主義が、優秀なベンチャーキャピタリストを育てるといっても過言ではないのです。

そして、ここからがフューチャーベンチャーキャピタルのミッションの一つとして、私たちがとても重要視していることなのですが、現場主義で育ったベンチャーキャピタリストが、地方創生ファンドの組成、ならびに実際の投資で、地域金融機関と密接な連携を図ることによって、本来、地域金融機関が担ってきた地域金融の地力を、再び彼らの手に取り戻すことが挙げられます。

前述したように、地域金融機関は「金融検査マニュアル」の導入によって、お金を貸し出すことを生業としている金融機関にとって最も必要な能力の一つである「審査能力」を失いかけています。金融検査マニュアルは廃止され、2019年4月から金融機関はいよいよ本格的に事業性評価融資に取り組まなければなりません。ところが、金融検査マニュアルの弊害で、現場の人間が、満足に融資先に対するヒアリングができなくなっているケースがあります。

その点、私たちベンチャーキャピタリストは、企業に投資をする際、常に事業性評価融資を地で行くような、投資先へのヒアリングを繰り返し、その会社、その事業が持っている本当の価値を見極めて、投資を実行してきました。地域金融機関と共に組成・運用している地方創生ファンドを通じて、私たちは地域金融機関に、ベンチャーキャピタリストとして身に付けてきた、事業を評価するためのノウハウを提供できます。そうすることによって、かつて地域金融機関が持っていた審査能力を高め、地域金融の地力を復活させたいと考えているのです。

第3章

地方には面白い企業がたくさん

投資社数は着実に増加

私たちが「ファンド」を通じて投資している会社数は、年々増加傾向にあります。フューチャーベンチャーキャピタルは３月決算なので、直近年度末である２０１８年３月期の数字になりますが、その１年間で投資した会社の数が49社。投資した金額は７億３６００万円でした。

過去の数字を見ていただけると分かりますが、私たちの投資社数は着実に増えています。ちなみにアベノミクスがスタートした初年度、２０１２年度における投資社数は７社、投資金額は２億２２００万円でした。２０１３年度が５社で７９００万円、２０１４年度が７社、１億９０００万円、というようにやや低迷しましたが、２０１５年度は投資社数が32社、投資金額が３億６１００万円まで回復。２０１６年度はさらに伸びて、投資社数が44社、投資金額が５億５２００万円まで増えました。２０１７年度の数字は前述した通りです。

投資社数と投資額の推移

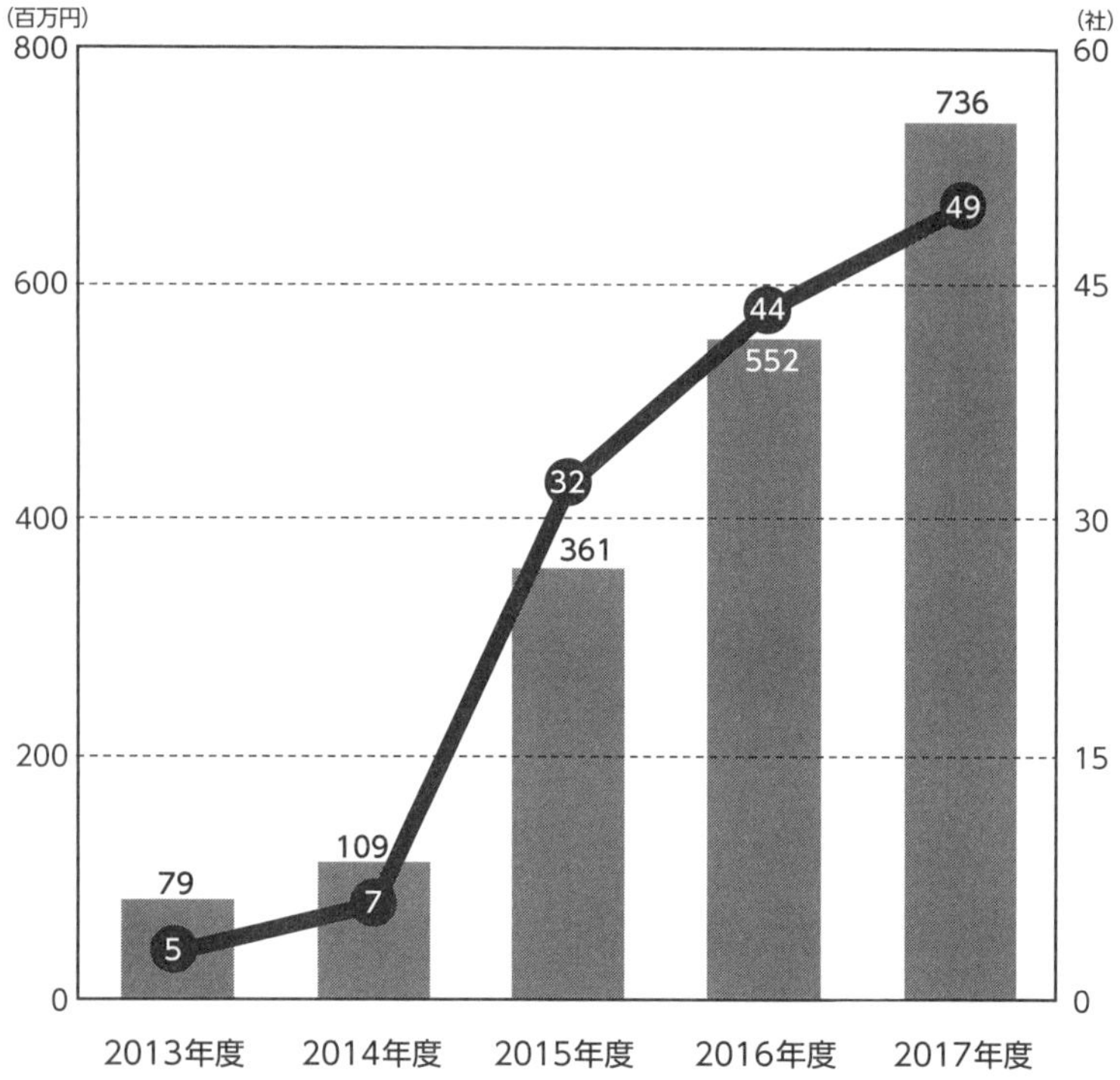

なお、地方創生ファンドだけに限定すると、これまでに投資してきた会社数は129社、総投資金額は14億5000万円（2018年9月末現在）になります。地方創生ファンドの実例については次章で詳しく説明しますが、地方創生ファンドがスタートしてから、投資先企業でデフォルトに陥ったところは、実は1社もありません。

デフォルトとは、経営環境の変化で経営が苦しくなり、投資資金が回収できなくなった投資先企業のことです。正直、これまで1社もデフォルト企業が出ていないのは、やや出来過ぎかもしれませんが、前述したように創業者の理念、経営哲学などに共感できる会社を見つけ、投資するという私たちの投資方針を徹底すれば、創業間もない会社への投資は、世間一般で言われているほど、ハイリスクではないとも考えられます。

会社は成長過程において、幾度となく「デス・バレー（死の谷）」に臨み、これを越えていく必要があります。会社は徐々に従業員数が増え、かつ売上を伸ばすために業務内容が多様化・複雑化していくなかで、何度となく経営が停滞します。この停滞期をデス・バレーといって、この谷に落ち込むと、そこから這い上がるのに苦労するのはもちろんのこと、なかには這い上がることができないまま、退場を余儀なくされる会社もたくさんあります。

このデス・バレーを越えられない会社に投資してしまうと、ベンチャーキャピタルは投資資金が回収できなくなり、損失を被ります。

とはいえ、そもそも投資先企業の株式上場を狙って投資するタイプのベンチャーキャピタルは、上場までたどり着ける会社は「10社中1社」という程度にしか考えておらず、上場できた1社から得られる上場利益によって、他の会社への投資で被った損失を全額回収するという前提ですから、ある程度、上場することが見えている会社にしか投資しません。つまり、従来のベンチャーキャピタルでは、創業間もない会社への投資はなかなか難しいことを意味します。

これに対して私たちが組成する地方創生ファンドは、創業間もない会社に投資するわけですが、現時点でデフォルトした会社は1社もありません。それは、目指す山の頂が違うからです。

ベンチャー企業への投資は、登山にたとえることができます。たとえばエベレストに登頂するとき、高野山や高尾山に登るときのような準備で臨む人はいないでしょう。酸素ボンベをはじめとしてさまざまな準備が必要ですし、当然のことですが、事前に身体を鍛えなければなりません。かつ、山が高ければ高いほど、谷も深くなります。

しかし、高野山や高尾山に登るのであれば、そこまでの重装備は必要ありません。

それに山自体がエベレストのように高くありませんから、谷も比較的浅くなります。

もちろん、創業したときからエベレストを目指す経営者もいますが、すべての経営者がそうではありません。高野山や高尾山に登る程度の感覚で、スモールビジネスを立ち上げ、地元の課題解決を中心にした会社を立ち上げる人もいます。

最初から上場を目標に掲げ、さまざまなベンチャーキャピタルから資本を入れて、従業員をどんどん増やし、都内に大きなオフィスを構え、数年後に株式を上場させるのも「起業」ですが、社長を含め社員2、3名で、地元の人たちが欲しがっているサービスを提供し、困っていることを解決するような会社を立ち上げるのも「起業」なのです。私たちがファンドを通じてサポートするのは、もちろん株式上場を目指す会社もなかにはありますが、地方創生ファンドを通じてサポートするのは、後者のスモールビジネス系が中心です。登山にたとえるなら、エベレストのような８０００メートル級の山ではなく、１２００メートル級の、それでもまだあまり登山ルートが開拓されていないような山を目指す会社です。

そういう会社は、具体的にどのようなビジネスを展開しているのでしょうか。本章では、地方創生ファンドを通じて投資している、１２００メートル級の山登りにたとえられる会社の実例を、いくつか取り上げてみたいと思います。

株式会社浄法寺漆産業

「地元の産業を守るという心意気に共感」

２０１２年８月から運用を開始した「もりおか起業ファンド」の投資先です。浄法寺とは岩手県二戸市にある浄法寺町のことで、この地は国産漆の産地として有名です。

日本において漆の伝統は約９０００年前の縄文時代早期にまでさかのぼるといわれていますが、その伝統はまさに風前の灯火と言ってよいでしょう。現在、日本国内で使われている漆の約98％は中国産で、純粋な国産漆はたったの２％でしかありません。浄法寺町は、わずか２％しかない国産漆の約70％を産出しており、文字通り国産漆の「最後の砦」なのです。

浄法寺漆産業を起業したのは松沢卓生社長です。彼は元岩手県職員で、漆に関しては全く知識がなかったそうです。それが、２００５年に本庁から二戸地方振興局への異動を命じられ、そこで４年間、需要低迷や後継者難に苦しむ漆産業の復興に尽力したのですが、このまま漆の生産が落ち込むと、浄法寺の産業が廃れ、ひいては町がダメになってしまうという気持ちが高じて、起業に踏み切りました。

起業したのは２００９年。２０１１年に株式会社化されました。その当時から、私たちは浄法寺漆産業に投資したいと考えており、翌年、もりおか起業ファンドが立ち上がったのと同時に、投資させていただくことになりました。

松沢社長は元県庁の職員で、会社を経営する経験を持ち合わせていませんでしたから、私たちはどちらかというと、経営面でのバックアップに徹しました。一緒に事業計画を策定し、実際にその計画が達成されたのかどうかを定期的に検証するとともに、資金繰りや資金調達などにも関わらせてもらいました。毎月、最低1回は松沢社長とお会いし、経営面で不安に思うことなども率直に話していただきながら、お互いの理解を深めつつ、経営をバックアップしていったのです。

私たちが浄法寺漆産業に投資しようと思った理由は、松沢社長の志が非常に純粋で、それに共感できたからです。

今、さまざまな施策を打っているところですが、事業的に急成長するモデルでは恐らくないでしょう。利益が2億円、5億円、10億円というように、とんとん拍子で増えていくイメージは、なかなか描けません。そもそもそういう事業ではないのです。

その意味では非常に地味なビジネスなのですが、浄法寺という地域においては非常に重要な産業ですし、それを盛り上げるために、県庁職員という極めて安定した職業を捨てて飛び込んだという、松沢社長の勇気に共感し、投資を決断したのです。

また、「もりおか起業ファンド」の趣旨にも合っていました。地方創生ファンドの第1号ファンドなので、投資金額自体はそれほど大きなものではありませんが、最初の投資をどのような会社に対して行ったのかは、やはり注目されます。それがもりおか起業ファンドのイメージにもつながっていくので、最初の投資先は、非常にまっすぐな考え方を持って経営にあたっている会社に投資したいと考えていました。その点において、浄法寺漆産業は最適だったのです。

従来、浄法寺漆といえば「お椀」がメインのプロダクツであり、浄法寺漆産業も、お椀や箸、皿、鉢、重箱といった漆器類に加え、素材に漆を用いたグラスなどを、ECサイトを通じて販売していました。

とはいえ、消費者を対象にして漆器などを販売するだけでは、なかなか収益的に厳しいこともあり、今では漆器の原材料となる漆の精製にも乗り出しています。精製まで行うことによって、会社の付加価値を高めようということですが、これによって実にエポックメイキングな出来事がありました。スイスのカランダッシュという、

JR東日本「TRAIN SUITE 四季島」の客室には漆塗りのパネルが採用された

トヨタ自動車とのコラボレーションで生まれた漆塗り外装のアクア

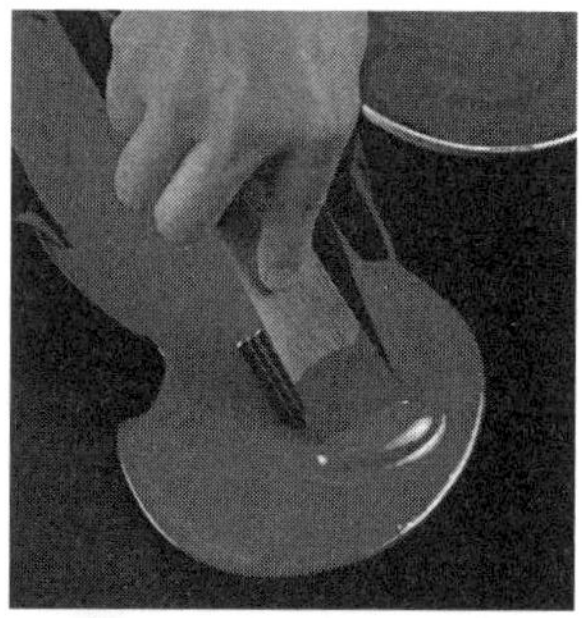

国宝や重要文化財の建築物の修繕には国産漆が用いられるようになった

漆かき職人の減少により、新たな採取方法を編み出しはじめている

万年筆が好きな方ならきっと知っている有名ブランドが、日本の漆を用いた万年筆を作りたいと提案してきたのです。これによって、原材料を精製して卸すことが、大きなビジネスになることを知りました。

さらに、浄法寺漆の存在を世間に知ってもらうための施策も講じています。たとえば浄法寺漆を用いた自動車のステアリングの他、トヨタ自動車とのコラボレーションによって、同社の小型車アクアの外装に漆を用いた漆仕様アクアを開発したり、JR東日本とのコラボレーションで豪華列車「TRAIN SUITE 四季島」の客室内装に漆塗りのパネルが採用されたりするなど、幅広いところで浄法寺漆が活用されるようになりました。これによって、浄法寺漆のブランド力は、徐々に高まりつつあります。

松沢社長の挑戦はこれに留まりません。今後は漆を用いた製品の製造・販売だけでなく、漆そのものの生産を増やすための施策も考えています。

というのも今、漆の供給量が、全体的に不足しているからです。

2015年、文化庁が寺社など国宝や重要文化財の建築物を修繕するに際しては、原則として国産漆を用いるよう通達を出したからです。これによって国産漆に対する需要が高まっているのですが、一方で供給が追い付かない状況になりました。そのため浄法寺漆産業は国産漆の苗を植え、原材料不足によって漆産業が途絶えることのないように、対策を打ち始めています。

それとともに、漆の生産効率を高める施策も講じはじめました。というのも、漆の木の幹から漆を掻き出す漆かき職人が年々減少しているからです。そこで大学などと連携を組み、衝撃波破砕技術を導入することによって、職人の手を借りずとも漆の原材料を取り出せるような方法を編み出し始めています。

松沢社長の挑戦は、前述したように大きな収益を生み出し、持続的に高成長を続けるようなビジネスではありません。

しかし浄法寺漆産業は、その活動を通じて浄法寺漆を世に広め、ブランド力を高めるだけでなく、漆の原材料が途絶えないための施策も行うことによって、岩手県そして二戸市浄法寺町という地域に貢献しています。地方創生ファンドの投資案件第1号に相応しい会社です。

株式会社クロス・クローバー・ジャパン
「ネコ目線の仕事とモノづくりへのこだわりへの共感」

浄法寺漆産業と同じく、もりおか起業ファンドの投資先の一つである株式会社クロス・クローバー・ジャパンは、太野由佳子さんという岩手県盛岡市出身の方が代表取締役を務めている会社です。会社員時代、働くことの楽しさを知ったことから、彼女は定年に関係なく一生、働きたいと考え、27歳のときに起業しました。

会社設立は2005年で、ネコ関連のグッズを製造・販売しています。なぜネコなのか、ということですが、これは太野さんが大のネコ好きだから。経営理念は「『ネコ健康第一企業』〜ネコの健康を守るのがわたしたちの使命〜」というもので、手掛ける商品は、すべてネコ目線のモノづくりを標榜しています。商品は基本的に自社開発で、オリジナルブランド「ｎｅｋｏｚｕｋｉ」の商品をホームページを通じて販売しています。外出時にネコを入れて運べるトートバック、ネコ専用の爪切り、ネコが爪とぎをするためのボードなど、社長の太野さんが自分でアイデアを出し、デザインや設計をしたうえで、地元岩手県の工場で作ってもらいます。そして、完成品をnekozukiのホームページを通じてネット販売していくという流れになっています。

商品開発のためのマーケティングは、卸販売をせず直接販売をすることによって行っています。顧客のさまざまな困りごとが集まる仕組みができていて、顧客との会話やメール、商品の感想といった情報を社員間で共有し、隠れたニーズを探るようにしているため、それがオリジナリティあふれる商品開発の種になっています。顧客の感じる不便を当たり前と思ったら、そこでおしまい。それは真意なのか、これはベストなのか、常に疑うことを大事にしながら顧客とのコミュニケーションを大切にしています。

商品の値段は、決して安いものではありません。ネコ用グッズといっても、人間が使うものよりも高額なくらいです。前述した爪とぎのためのボードも、1枚4万円します。ペットにはお金を惜しまないという人は結構いらっしゃると思いますが、ネコの健康を考えて高い付加価値を持った妥協しない商品づくりが支持を得られている理由です。

インテリアにマッチしたネコの爪とぎ「ガリガリボード」

最後の一口まで食べやすい「まんまボウル」と
名入れできる「まんま台」

体の大きなネコも思いきり爪とぎできる

そして、実際に商品を購入するお客様は、インスタグラムやフェイスブックで、愛猫がクロス・クローバー・ジャパンの商品を使っている写真を載せるそうで、自然と商品の使用シーンのイメージができていったのだと思います。商品の品質に対するこだわりも強く、以前、ちょっと仕様の異なる商品ができてきたときは、販売を中止にしたことがあるくらいです。小さな会社ではありますが、自社のブランドを非常に大事にしています。

前述したように、社長がクロス・クローバー・ジャパンを設立したのが２００５年でしたから、私たちが投資したときには、すでに7年ほど経っていました。その意味では、創業から投資したわけではなく、投資した時点ではすでに年商がある程度あり、スモールビジネスというほど規模が小さいわけではなかったのですが、まだ自社製品の開発を手掛け始めたばかりでした。社長としてはさらに自社開発の商品を出したいという強い想いがあり、それを行うために、ファンドから資金を投資したわけです。

また、私たちが投資した時点では、経理・会計面を強化する必要がありました。企画力と発信力は抜群だったのですが、細かいことが苦手という経営者は少なくありません。

そこで、投資するのと同時に私たちが経営面のサポートに入り、会社としての課題であったバックオフィス部分を支えようと考えたのです。企業経営は攻めが大事ですが、同時に守りもしっかり固めておかないと、そこから綻びが大きくなるリスクがあります。

金融機関も、私たちファンドが入ることについては、歓迎だったと思います。外部の目が入ることによって、経営がしっかりしてくるからです。売上や利益をどうすれば伸ばせるのか、コスト削減をどうするのかといった議論を重ねていきますし、コンプライアンスも含めて会社に対するチェック機能も働かせるため、クロス・クローバー・ジャパンと取引していた金融機関も、安心したはずです。かつ業績が改善されれば、融資先として検討することも可能になります。金融機関にとっては一石二鳥だったのです。

なぜ、私たちがクロス・クローバー・ジャパンに投資しようと思ったのかですが、太野さんがモノづくりをするに際して、材料からデザインまですべてにこだわり抜いているのが分かったからです。

加えてセンスです。商品を作るにあたっては、市場の統計データーではなく、実際に寄せられた顧客の困りごとから着想を得て商品開発前の企画を行ないます。開発前段階では数人の顧客の困りごとを解決する商品ではありますが、その先には同じように困っている数多くの顧客がいて、世の中に無かった発想の商品には「もっと早く知りたかった！」と、喜びの声が多数、寄せられています。

全く無のところから、ヒットする商品の企画と開発ができるというのは、やはりセンスが良いからです。

私たちが投資を始めたときに現在の売上から倍増を目指そうと進言し、それを事業計画に盛り込みました。途中、紆余曲折はありましたが、最終的には概ね事業計画通りに会社が成長し、前述したスキームに沿ってクロス・クローバー・ジャパンはファンドから「卒業」されました。成長に応じたエグジットとなり、満足度の高い投資になりました。

株式会社ゆう幸

「商品開発資金をファンドからの投資で賄う戦略性の高さ」

前述の2社と同様、ここも東北を拠点にした会社ですが、所在地は秋田県です。株式会社ゆう幸は和洋菓子の製造会社で、ここで作られた製品を、販売会社であるくら吉で販売しています。と言っても、全国に店舗展開をするほどの規模ではありません。くら吉の店舗は、秋田県仙北市角館町に本店がある他は、秋田市に1店舗があるのみです。

私たちは秋田信用金庫と周辺広域市町村圏の自治体と組んで、「あきた創業ファンド」を2015年にローンチしました。それを通じての投資でした。

株式会社ゆう幸は、佐々木幸生さんが販売会社であるくら吉の製造部門的な位置付けで創業しました。株式会社ゆう幸という和洋菓子の製造会社が秋田県特産の西明寺栗のなかでも特に品質の高い善兵衛栗を使用した菓子の商品開発と販路開拓を推し進めることになり、そのタイミングで投資を実行しました。

お菓子の場合、新しい商品を出すときは、実際に店頭に並べる前に、大手百貨店でマーケティングを行ったり、展示会に出したりすることが必要になります。ゆう幸の場合、西明寺栗という秋田県の名物として知られている栗を使ったお菓子を、新しく自社製造で出すことになり、それに際して、さまざまなマーケティングや展示会などへの出展に掛かる経費を、ファンドからの投資で賄えないかと、佐々木社長自身が考えたのです。

実は、ゆう幸は当初、私たちがファンドを組成するにあたって組ませてもらった秋田信用金庫には口座を持っておらず、その意味では非常に珍しい投資事例になるのですが、佐々木社長が、私たちのファンドの内容を新聞で知り、ご本人から「ファンドの資金を受け入れたいのですが……」というご連絡をいただきました。通常、ビジネスコンテストを開いたり、取引関係がある信用金庫、信用組合などからの情報提供によって、私たちから投資候補先企業に対して投資を持ち掛けたりすることはあるのですが、ゆう幸の場合は、それと全く逆のパターンになりました。その出来事によって、ゆう幸という会社に対する私たちの関心が高まったのも事実です。

結果的に、西明寺栗を用いたお菓子のマーケティングは成功を収め、東京の三越

栗本来の甘さを味わえる西明寺栗渋皮煮

たじゅうろう農園とタッグを組み、「コアニスイーツホオズキ」とブランド化した水ようかん

ホオズキの爽やかな酸味や上品な甘みを楽しめる洋菓子「ほおずきウィッチ」

伊勢丹や松屋、大阪の阪急、阪神といった大手の百貨店では、西明寺栗のお菓子がお中元やお歳暮の商品に入りましたし、オンラインショップでも取り扱われるようになったことから、今では全国区の知名度を持つまでになりました。

商品開発やマーケティングに関連する資金を、融資ではなくファンドからの投資で賄うというのは、理に適っていると思います。もちろん商品が注目を集め、ヒットするに越したことはないのですが、常にヒットするという保証はどこにもありません。銀行融資の場合、当たり前のことですが、借りたお金は返済する必要があります。開発した商品が大ヒットすれば、返済も楽々できるでしょうが、もし失敗したら、返済資金を稼ぐことができなくなるので、一時的にしても資金繰りが厳しくなります。しかし、ファンドからの投資であれば、返済義務がありませんし、いずれ自社株買いをするにしても、それは数年先の話ですから、それまでに別のヒット商品を出して、つじつまを合わせることが十分に可能です。佐々木社長は、そのことを分かっていたのです。

ゆう幸については追加投資も行っています。１回目が５００万円、そして２回目も５００万円です。２回目の投資も、やはり新商品の開発に絡むものでした。

佐々木社長は西明寺栗を用いたお菓子は、栗が素材なので「秋のお菓子」というイメージが強く、夏のイメージを持つ新商品も出したいというお考えをお持ちでした。そこで着目した素材が秋田県上小阿仁村《かみこあにむら》で20年ほど前から栽培されてきた「食べられるホオズキ」でした。上小阿仁村の生産者のなかでも化学肥料や農薬を使用しないこだわりの栽培を行う、たじゅうろう農園とタッグを組み、「コアニスイーツホオズキ」とブランド化し、ゼリーや水羊かんなど涼味菓子として販売することとなり、そのための資金を追加投資しました。

資金調達や経営のことを、かなりよくご存じなのは、家業を継ぐ前、大学を卒業した後、信用金庫のセントラルバンクともいわれる信金中央金庫に勤務していたからです。ファンドからの投資に際して、事業計画の作成をお願いしたところ、数値計画も含め、とてもしっかりしたものができてきました。経営のことをしっかり分かっている方が社長として音頭を取っていることからも、まだ成長ののびしろは大きいと考えています。現在、ゆう幸は年商1億円くらいにまで成長しました。

また同社の成長ストーリーで、もう一つ欠かせない要素があります。それは商品企画に際して、外部のコンサルタントが入っていることです。大手百貨店で食品部長を務めていた方が退職し、外部コンサルタントとして加わってくれたのです。商品企画に加え、そのコンサルタントの方が持っていたネットワークをフル活用することで、会社の成長に一役買っていただきました。

創業時点でファンドをうまく活用する好例と言えるでしょう。

いわきユナイト株式会社
「地元産品に付加価値を与え全国に発信」

世間で知られている商社の大半は、東京に拠点を置いています。一方、特定の県に根差した地域商社はあまりないと言ってもよいでしょう。

しかし、本来は地元に根差し地元のことを熟知している目利きがいて、なおかつその土地のものを日本全国、あるいは世界に発信できる地域商社の存在は、地域の経済活性化のためにも必要です。

その必要性を感じ立ち上がったのが、福島県いわき市に拠点を置くいわきユナイト株式会社の代表取締役CEO田子哲也さん、代表取締役COO植松謙さんです。

同社が設立されたきっかけは、いわき信用組合が開催した事業プレゼンの場でした。そこで植松さんが、「商社機能を持った会社を立ち上げたい」という強い想いを伝え、それを聞いたいわき市の食品メーカーが、「ぜひ、そのような会社があったら取引したい」という要望が上がったことから、いわき信用組合及び私たち磐城国地域振興ファンドが植松さんに直接お会いしてお話を聞くこととなったのです。

植松さんは、投資会社などで主にマネジメント業務に携わっていた経験を有し、社内の業務フローを回すことに、高い能力をお持ちの方でした。

この植松さんの力に、モノを選ぶ目利きの力と商社としての付加価値の提供、高い提案力が加わればさらに面白いことになるといった話を、いわき信用組合の方に話したところ、地元のスーパーマーケットでバイヤーを担当され、魚介関係の卸をしてきたキャリアを持つ田子哲也さんという方を紹介されました。田子さんは非常にエネルギッシュな方で、これまでのキャリアを見ても植松さんと良いコンビになるのではと思い、ファンドとして投資を進めていく判断を下しました。

このように、いわきユナイトの創業にはファンドに出資しているいわき信用組合が、プロデューサーとしての役割を果たしました。いわき信用組合がそこまで積極的な姿勢で関わった理由は、いわき市にとって商社機能を持った会社が必要だという強い危機意識があったからです。

いわき信用組合には「うるしの実クラブ」という、いわき信用組合の取引先同士でビジネスマッチングを行う会員組織があります。その会員企業のうち特に１次産業、２次産業の企業が、自分のところで作ったものを流通に乗せる販路がないということが、かねてから大きな課題になっていました。前述の１次・２次産業の企業は、ブランディングの方法も分からず、ネット通販をしようにもホームページのデザインをどうすればよいのかも分からない企業が大半です。いわき信用組合は、このままではいわき市の１次・２次産業はじり貧になるという焦りもあったので、いわきユナイトのビジネスモデルに対して、大いに興味を抱きました。地域商社としていわきユナイトが立ち上がれば、いわき信用組合の取引先にとってプラスのシナジー効果を生み出す可能性が高いと考えたのです。

いわきユナイトの地域での商社機能は、徐々に効果が現れてきています。たとえば「月色プリン」という商品は今、同社の商品の中でも大ヒット商品となっています。もともとは、いわき市にある食品メーカーの自社ブランド商品でしたが、自社で販路を探し販売してもなかなか売れずに困っていました。それをいわきユナイトがデザインを変え、販路も広げたことで、販売量が一気に増えました。

今のところ、いわきユナイトでは、積極的にどんどん自社製品を開発して売り込

魅力的な商品をリ・デザインし販路を設けていく

植松謙COO（左）と田子哲也CEO

ヒット中の「月色プリン」

むというよりも、魅力的なのにデザインや販路開拓がうまくいかず、なかなか売れ行きが伸びない商品を、リ・デザインし販路を設けて売上につなげるということをメイン業務として取り組んでいます。

現在のいわき市は、１次産業、２次産業が揃っていることに加え、その中でも特に２次加工に強みがあります。そのような中、多くの企業が自社製品を持ちたいと考えてはいるのですが、前述したように、販路開拓を含めて売り方で苦戦している企業が多いのが現状です。そのため、販売結果が伴わず、売れ行きが鈍い商品を大量に抱えてしまっています。だからこそ、いわきユナイトに対する地元企業の期待も大きくなっているのです。

株式会社オールユアーズ

「消費者にフォーカスした服作りと未来型金融スキームで資金調達」

さて、これまで見てきた会社は、いずれも東北を拠点にしていますが、私たちが投資している会社は、地方のスタートアップだけではありません。東京など大都市圏のスタートアップに投資することもあります。その事例を取り上げましょう。まずは東京のスタートアップ企業として、株式会社オールユアーズを取り上げてみたいと思います。

創業者で代表取締役の木村昌史さんは、ライフスペック伝道師という肩書をもって活動されています。

ライフスペックとは、「ライフ（日常）」と「スペック（機能）」を合成した言葉で、オールユアーズの理念だそうです。その根底にあるのは、「服に合わせた暮らし」から、「生活に合わせて服を選ぶ暮らし」に変えていくことにあると言います。もう、お分かりいただけたと思いますが、株式会社オールユアーズはアパレルの会社です。

特徴は、ほとんど店舗を持たないこと。現在、実店舗は世田谷区池尻にある直営店が一つだけです。

木村社長のファッションに対する考え方には、流行は供給側の都合で創られるものであり、それを消費者に押し付けないでもらいたいということが、根底にあります。当然、その考え方を軸にすれば、自ずと売り方も変わっていきます。

高度経済成長期のように大量にものが消費され、かつ価値観が画一的な時代なら、ファッション業界の人が今年の流行りになるスタイル、色などを決めて、それらをいかにも流行の最先端であるかのように見せれば、大勢の消費者がメディアなどを通じてその情報をキャッチし、購買行動につながっていったでしょう。

しかし、今のようなネット社会では、消費者のニーズはどんどん多様化し、自分らしさを追求する人が増えていきます。こうしたなかで、より消費者にフォーカスした服作りをしたいというのが、オールユアーズの基本スタンスです。

そこから生まれてくる服は、機能性重視のファッションです。たとえば極めて撥水性が高いパーカーとか、脇の汗じみが全く出ないシャツ、あるいは色落ちしない黒のボトムスなどを企画し、作り、販売しています。

その理念は良いとして、問題はその理念をいかにして伝え、広め、共感を集めるかということで、彼らはそれを店舗から発信するのではなく、インターネットを通じて伝えるため、クラウドファンディングを行っています。

といっても、やりたいことを表明してお金を集めるようなクラウドファンディングではありません。「購入型クラウドファンディング」といって、商品のテストマーケティングを行いながら資金調達もできるというものです。

たとえばキャンプファイヤーという会社を通じて行ったクラウドファンディングでは、「着たくもないのに、毎日着てしまう」ジャケットとパンツという企画を打ち出しました。それを欲しいと思う人を募集し、応募した人から資金を集めます。そして、3ヵ月後に「着たくもないのに、毎日着てしまう」ジャケットとパンツが、応募者のもとに届くという流れです。

2017年7月3日から8月29日まで行ったこのクラウドファンディングで、718人の支援者から合計1809万6784円の資金を調達することに成功したのですが、これはアパレル業界のクラウドファンディングでは、最高額でした。

そのタイミングで、東京の第一勧業信用組合と組成したかんしん未来ファンドから、投資の話をさせていただきました。

写真中央がオールユアーズ代表の木村昌史社長

水や汚れを弾くコットンパーカー

汗のシミが気にならなくなるシャツ

アパレルの場合、やはり商品を開発するにはかなりの時間とお金が掛かります。開発に必要な先行投資を自己資金で行うと、すぐに資金が枯渇してしまいますから、まず購入型のクラウドファンディングで、先にファンであるお客様から資金を出してもらって、具体的に製作するという仕組みと、エクイティ型のクラウドファンディング、そしてファンドを通じたエクイティへの投資という三つを駆使するという、未来型の金融スキームで、金融機関が求める「信用」がほとんどない状態であるにもかかわらず、資金調達に成功したケースです。

実際に商品を購入する層は30~40代。池尻にあるのはアンテナショップで、どうしても手で品物を触ってから買いたいという人向けの実店舗です。

それ以外は、各地方で1週間程度のイベントなどを打ちながら、商品の案内をしています。前述したように、クラウドファンディングを用いて資金調達を行っているため、全国にファンが散らばっているのが特徴です。

もっと言うと、クラウドファンディングやSNSを通じて告知しているため、販促費が全くといってよいほど掛かりません。

他の事例でもそうですが、オールユアーズのビジネスモデルも、アパレル業界では特異です。店舗をほとんど持つことなく、クラウドファンディングで商品のブランド力を高め、実際に販売していくという会社に、既存の金融機関は融資をできるだろうか、という点は、問題意識として持つ必要がありそうです。

これから、もっといろいろな業態が登場するでしょう。それは、これまでの金融機関の審査における常識から外れるものばかりかもしれません。だからこそ、ファンドというスキームを用いた投資と絡めた資金提供を、これからの銀行は積極的に検討していく必要があるのです。

株式会社ロカロジラボ
「経営未経験でも資金調達をしてビジネスを拡大」

株式会社ロカロジラボは女性起業家によって創業された、大阪の会社です。妊娠中の女性は本当に気を付けなければならないことなのですが、「妊娠糖尿病」に関する啓もう活動を展開するのと同時に、血糖値を抑える食生活のためのアドバイス、メニュー作りなどを行っています。

経済企画庁の経済産業局が行っている、「女性起業家等支援ネットワーク構築事業」の、第2回LED関西ファイナリストとなった金子洋子さんが創業者であり、現在も代表を務めています。

金子代表が起業したのは、ご自身が「妊娠糖尿病」にかかったからです。この病気が顕在化しているケースは少ないのですが、潜在的な患者数は、実はかなり多く(妊婦の12%)、妊娠中のある日、突然発症して、場合によっては生命の危険にさらされることもある怖い病気です。

糖尿病は血糖値が下がりにくく、それによってさまざまな合併症を引き起こす病気ですが、妊娠中は栄養を摂る必要があるのに、食べると血糖値が異常値にまで上がってしまい、インスリンを使っている場合などは下手をすれば意識を失うケースもあるだけに、血糖値をどうコントロールするかということが、この病気にかかった人にとっては、大きな課題になります。

金子代表の場合、第一子のときに妊娠糖尿病にかかり、命の危険にまでさらされた経験があったことから、2人目のお子さんを生むときは、何を食べたら血糖値が上昇するのかなどを自分で調べ、食材だけでなく調理法も含めて研究をしたそうです。金子代表は、こうした自分の体験をもとに、同じ病気で苦しむ女性のために、低GIのお菓子などを開発し、それを販売する事業を考えました。

私たちとしては、金子代表のストーリーに共感し、かつ妊娠糖尿病がマーケティング的に注目される可能性が高いため、きっと商品も売れるのではないかと考えたわけですが、実際に始めてみると、想定と違ったことが出てきました。

一つは、スイーツを作ってくれるということで提携した製造元が、作るのを止めてしまったことです。理由はいろいろありましたが、結局のところ製造原価が高くなってしまい、まだまだ未開拓な分野なため、大量生産できるものでもなかったので、小ロットで作り続けるのが困難になってしまったためです。

現実問題として、妊娠糖尿病の潜在的な患者数は不妊治療患者も含め大勢いるのですが、実は罹患している人も、まさか自分が妊娠糖尿病になっているなどとは夢にも思っていませんから、そもそも商品を並べても、消費者にリーチできない状況が続きました。結果、血糖値が上がりにくいスイーツを作って販売するというビジネスモデルは、失敗に終わりました。

そこで、ピボットをして、今はレシピ開発を中心に事業展開を考えているところです。

大阪に、「ラカントS」という血糖値の上がりにくい糖を作っている、サラヤ株式会社という中堅企業があるのですが、このオーナーが金子代表の活動を見ていて、応援してくれることになったのです。具体的には、金子代表が血糖値の上がりにくいメニューを開発し、そのレシピに、ラカントSを使うことによって、同じ病気で苦しみ、それを求める人たちへ提供します。「必要な人の手元に必要なものを届ける」という企業理念に一致して企業としての社会貢献ができる、とのことでした。

これによってロカロジラボは、サラヤ株式会社との間でメニュー開発の契約を結び、今も継続しています。

次に、病院と併設するレストランからもメニュー開発の依頼が来ました。病院には糖尿病患者の方が大勢いるので、糖尿病の方々向けの病院食メニューを開発したいという依頼です。実際、病院内だけではカバーしきれないビタミンやミネラルそして糖質の部分に着目し、糖尿病患者が食を楽しめるためのメニューを作れる専門家がいないため、レストランの人員だけではどうしても彩りの悪い、美味しくない食事しか出すことができませんでした。

それを、自分の体で実験しながらさまざまなメニューを考えてきた金子さんと、その金子さんの活動を応援する管理栄養士などが協力して運営している株式会社ロカ

低糖質＋低GIのレシピを考える

彩りよく美しく食べられる病院食レシピを検討

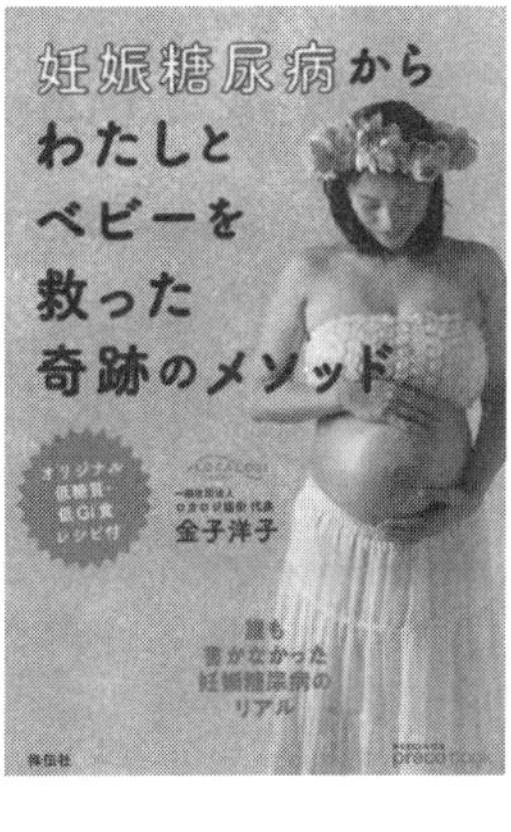

妊娠糖尿病のリアル体験や低糖質・
低GI食レシピを記載した書籍を出版

ロジラボの力を借りて、大きく改善していこうという考えです。

現状、ロカロジラボのメイン事業は、メニュー開発プロデュースとして、サラヤのような企業向けと、レストラン向けに行っています。

ただ、メニュー開発だけでは、なかなか会社の業績が上がりません。というのも、レストランの側からすれば、メニューだけを提案されても、それを実際にどうやって作ればよいのか、あるいは注文する人がほとんど来なくて、大量の廃棄ロスが生じたときはどうするのかといった課題解決がまだできていない状況です。

ロカロジラボとしては、この事業に共感してくれたシェフに、ほとんど手弁当で手伝ってもらい、金子さんが考案した糖尿病患者向けのレシピに対し、シェフがより現実を考慮したうえでチューニングをし、レストランでも導入しやすいようなものに作り替えるといったことも行っています。これにより成約率が上がり、単価も高く取れるようになりました。

ロカロジラボに投資したのは、大阪信用金庫とともに組成した「だいしん創業支援ファンド」です。最初のビジネスモデルのときに700万円を投資したものの、それは失敗に終わり、今度はレシピづくりのビジネスにピボットしたところで、再び300万円を追加投資しました。

正直なところ今まで会社を経営した経験が一度もないという人が、金融機関に融資を申し込んだとしても、ほとんどの金融機関は融資に応じないでしょう。それが、他の会社と同様、ファンドを用いることによって、投資による資金調達が可能になるのです。

第4章
地方創生ファンドの実例紹介

地方創生ファンドの功罪

ベンチャーキャピタルの存在を、あまり良く思わない人もいます。

以前、ベンチャーキャピタルからの出資を受けたものの、ファンドの期限内に上場が難しくなった途端、出資してくれたベンチャーキャピタルとの関係をこじらせてしまった経験を持つ経営者は、ベンチャーキャピタルに対してあまり良い印象を持っていません。

旧来のベンチャーキャピタルが投資したなかで、株式を上場し、株価が大きく上昇するのは、全体の1割にも満たないのが普通でした。下手をすれば数パーセントというケースもあるくらいです。

残りの投資先はどうなるのかというと、まさにそこは死屍累々で、倒産にまで追い込まれてしまう会社もたくさんあります。

なぜ、そのようなことになるのでしょうか。それは、ハイリターンを目指すあまり、投資先企業に対して、身の丈に合わない無理な経営を強いるからです。もちろん、すべてのベンチャーキャピタルがそうだとは言いませんが、一度、出資したら、たとえば「エンジニアを5人採用しろ」とか、「広告宣伝費に1億円を掛けて会社名を告知しろ」などと、出資を受けた経営者に対して事業計画に書いていることを杓子定規に行動するように強いるといった無理難題を吹っ掛けるケースが多いと聞きます。

そこまでしてアクセルを踏ませるのは、何が何でも株式上場まで持っていきたいからです。当然、上場時の株価が高ければ高いほど、ベンチャーキャピタルも儲かるわけですから、それを実現させるために、急成長のストーリーを描かなければなりません。だからこそ、身の丈に合わないほどの無理をさせても、出資先にアクセルを踏み続けさせるのです。

もちろん、それによってうまく成長軌道に乗り、株式を上場し、成長し続ける会社もあります。でも、前述したように、それはごくごく一部に過ぎません。大半の会社は、いつの間にか消えていきます。

また、ベンチャーキャピタルの投資リターンは株式市況に大きく左右されます。

上場時に株価が大きく跳ね上がるためには、株式市場が堅調であることが最低条件ですが、いくら高い成長が期待できる会社の株式でも、株式市場全体が冷え込んでいたら、高値は期待できません。とはいえ株式市場は、常に好調期と停滞期を繰り返しますから、停滞期が長期化するほど、ベンチャーキャピタルは経営的に厳しい状況に追い込まれてしまいます。

つまり、株式の上場によって利益を得るという、旧来のベンチャーキャピタルの投資スタイルは、長期的観点から社会課題の解決を目指し、世の中にとって本当に必要なものを提供しようとしている、社会課題解決型企業への投資には、やや不向きなのです。そもそも、社会課題解決型企業は、株式上場を目指さないところが大半です。

私たちが、地方の信金・信組、あるいは地方銀行などと共に組成している地方創生ファンドの投資先は、もちろんなかには株式の上場を目指す企業もありますが、それは少数で、どちらかというと、地域の人々の共感を得ながら、社会課題の解決を目指す会社が中心です。投資先企業の上場を目指すベンチャーキャピタルのように、投資先に対して思いっきりアクセルを踏ませるようなことはしないので、その分、大きな事故に遭う確率は下がります。

過去、さまざまなベンチャー企業に投資してきましたが、その経験からはっきり言えるのは、上場を目指そうとすると、どこかに大きな負荷が掛かり、倒産する確率が高まります。上場目的のベンチャーキャピタルは、それを織り込んだうえで投資していますから、ある意味、確信犯的なところがあると言ってもよいでしょう。

もちろん、私たちも全くアクセルを踏ませないわけではありませんが、前述したように、経営者は何度か失敗を重ねて成功するものなので、私たちが投資するときは、1回や2回の失敗で、にっちもさっちも行かなくなるようなリスクの取り方はしません。そのため、経営が苦しい状況に直面したときでも、常に投資先企業に寄り添い、一緒に問題解決策を考えます。

といっても、やはり具体的な事例が欲しいところだと思いますので、私たちがこれまで地域金融機関と共に組成し、運用しているファンドの中から、いくつかピックアップして本章でご紹介します。

【事例1】日本政策金融公庫と連携した事例「だいしん創業支援ファンド」、「おおさか社会課題解決ファンド」

基本的に私たちが組成するファンドは、地域金融機関がリミテッドパートナー、私たちフューチャーベンチャーキャピタルがゼネラルパートナーの関係で組成されています。そして、ベンチャー企業への投資に必要な資金は、ほぼ全額をリミテッドパートナーである地域金融機関が出します。それらの資金を原資に、私たちが投資先を選別し、実際に投資を行います。

まず、関西のケースについてご紹介します。大阪の企業を投資先とするファンドを立ち上げた第1号が、「だいしん創業支援ファンド」でした。

このファンド、成り立ちが非常にユニークです。出資者は大阪信用金庫とフューチャーベンチャーキャピタルですが、日本政策金融公庫のバックアップによって運営が成り立っているのです。

このファンドは２０１４年９月に組成したのですが、ファンドの組成と同時に大阪信用金庫、フューチャーベンチャーキャピタル、日本政策金融公庫の３社で、「創業に関する連携協定」を結びました。どういう協定かというと、日本政策金融公庫はファンドに資金を出さないけれども、創業期にある会社の信用情報をはじめとする情報提供や、日本政策金融公庫が扱っている、創業期にある会社を対象にした「資本性ローン」とファンドを連携させて、スタートアップの投資をより成長加速させようというものです。

私たちは、もともと大阪信用金庫に対して、投資で成長資金を提供するためのファンドをつくれば、地元の会社に対するインパクトがあるので、一緒にやりましょうと提案していたのですが、その際に日本政策金融公庫の南近畿地区統括というポジションにいらっしゃった方が、私たちのスキームに強い関心を示してくださり、一緒に進めることになりました。実は、同じようなスキームを日本政策金融公庫としてできないか過去に模索していたそうです。

いろいろ調べてみると、日本政策金融公庫で進めるのはルール上無理ということが分かり、そのときに同じようなアイデアを持っていた私たちの存在を知り、ぜひと

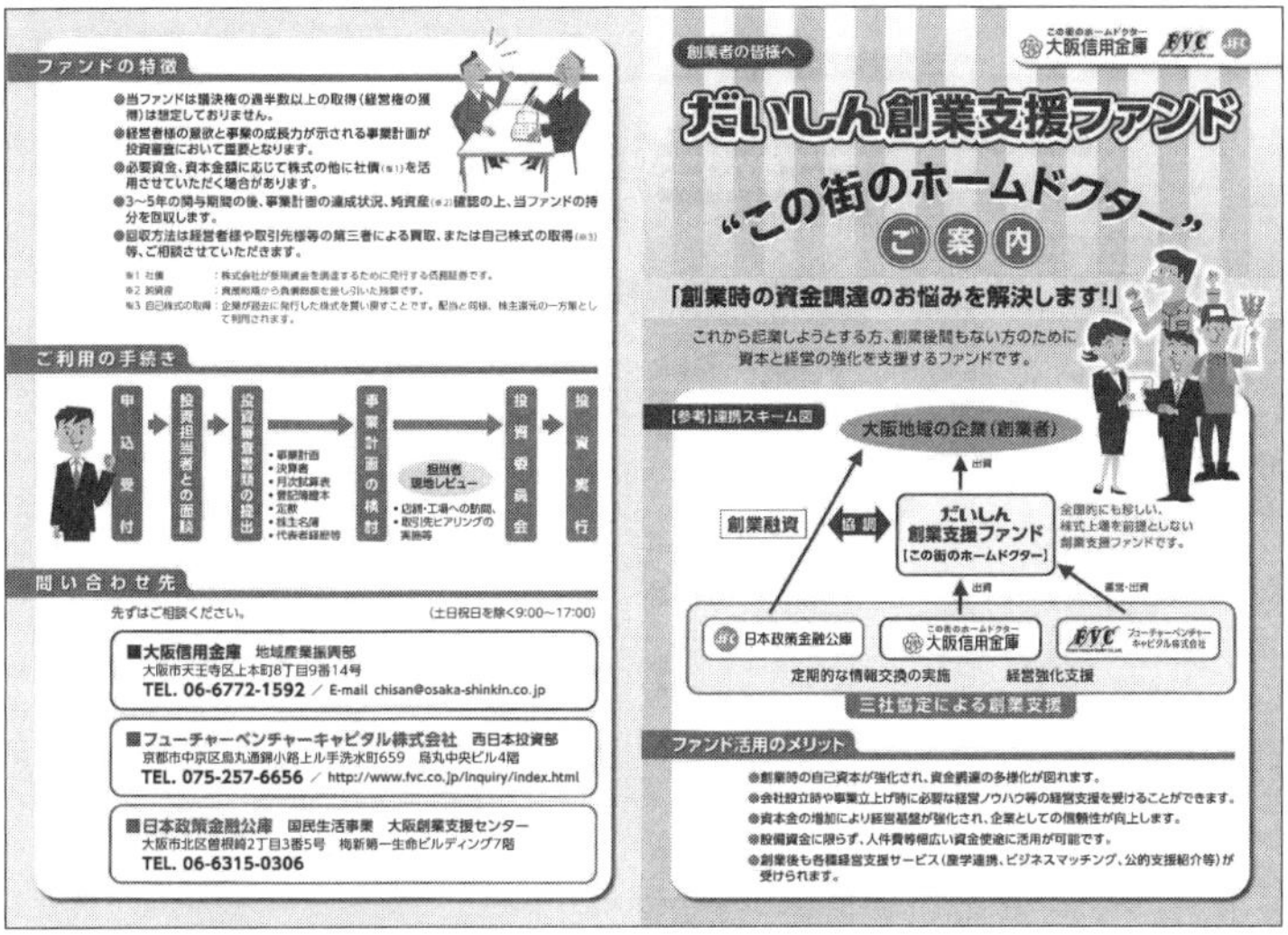
創業者の皆様へ
この街のホームドクター 大阪信用金庫
FVC
だいしん創業支援ファンド
“この街のホームドクター” ご案内
「創業時の資金調達のお悩みを解決します!」
これから起業しようとする方、創業後間もない方のために
資本と経営の強化を支援するファンドです。
【参考】連携スキーム図
大阪地域の企業(創業者)
出資
創業融資
協調
だいしん
創業支援ファンド
【この街のホームドクター】
全国的にも珍しい、
株式上場を前提としない
創業支援ファンドです。
出資
運営・出資
日本政策金融公庫
この街のホームドクター 大阪信用金庫
FVC フューチャーベンチャーキャピタル株式会社
定期的な情報交換の実施
経営強化支援
三社協定による創業支援
ファンド活用のメリット
※創業時の自己資本が強化され、資金調達の多様化が図れます。
※会社設立時や事業立上げ時に必要な経営ノウハウ等の経営支援を受けることができます。
※資本金の増加により経営基盤が強化され、企業としての信頼性が向上します。
※設備資金に限らず、人件費等幅広い資金使途に活用が可能です。
※創業後も各種経営支援サービス(産学連携、ビジネスマッチング、公的支援紹介等)が受けられます。
ファンドの特徴
※当ファンドは議決権の過半数以上の取得(経営権の獲得)は想定しておりません。
※経営者様の意欲と事業の成長力が示される事業計画が投資審査において重要となります。
※必要資金、資本金額に応じて株式の他に社債(※1)を活用させていただく場合があります。
※3~5年の関与期間の後、事業計画の達成状況、純資産(※2)確認の上、当ファンドの持分を回収します。
※回収方法は経営者様や取引先様等の第三者による買取、または自己株式の取得(※3)等、ご相談させていただきます。
ご利用の手続き
申込受付
投資担当者との面談
投資審査書類の提出
・事業計画
・決算書
・月次試算表
・登記簿謄本
・定款
・株主名簿
・代表者経歴等
事業計画の検討
担当者現地レビュー
・店舗・工場への訪問、
・取引先ヒアリングの実施等
投資委員会
投資実行
問い合わせ先
先ずはご相談ください。
(土日祝日を除く9:00~17:00)
■大阪信用金庫 地域産業振興部
大阪市天王寺区上本町8丁目9番14号
TEL. 06-6772-1592 / E-mail chisan@osaka-shinkin.co.jp
■フューチャーベンチャーキャピタル株式会社 西日本投資部
京都市中京区烏丸通錦小路上ル手洗水町659 烏丸中央ビル4階
TEL. 075-257-6656 / http://www.fvc.co.jp/inquiry/index.html
■日本政策金融公庫 国民生活事業 大阪創業支援センター
大阪市北区曽根崎2丁目3番5号 梅新第一生命ビルディング7階
TEL. 06-6315-0306

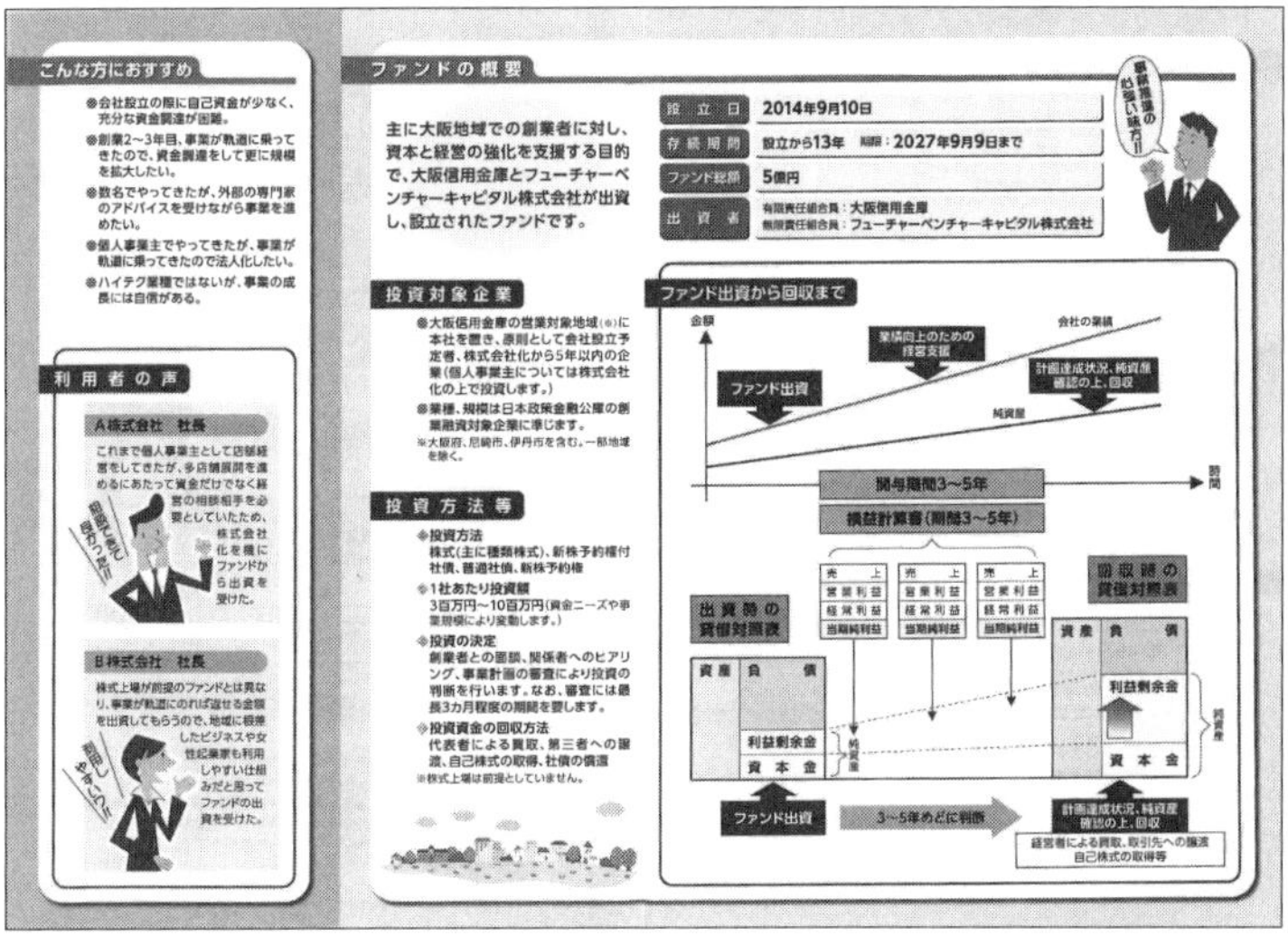
こんな方におすすめ
※会社設立の際に自己資金が少なく、充分な資金調達が困難。
※創業2~3年目、事業が軌道に乗ってきたので、資金調達をして更に規模を拡大したい。
※数名でやってきたが、外部の専門家のアドバイスを受けながら事業を進めたい。
※個人事業主でやってきたが、事業が軌道に乗ってきたので法人化したい。
※ハイテク業種ではないが、事業の成長には自信がある。
利用者の声
A株式会社 社長
これまで個人事業主として店舗経営をしてきたが、多店舗展開を進めるにあたって資金だけでなく経営の相談相手を必要としていたため、株式会社化を機にファンドから出資を受けた。
B株式会社 社長
株式上場が前提のファンドとは異なり、事業が軌道にのれば返せる金額を出資してもらうので、地域に根差したビジネスや女性起業家も利用しやすい仕組みだと思ってファンドの出資を受けた。
ファンドの概要
主に大阪地域での創業者に対し、資本と経営の強化を支援する目的で、大阪信用金庫とフューチャーベンチャーキャピタル株式会社が出資し、設立されたファンドです。
設立日 2014年9月10日
存続期間 設立から13年 期限:2027年9月9日まで
ファンド総額 5億円
出資者 有限責任組合員:大阪信用金庫
無限責任組合員:フューチャーベンチャーキャピタル株式会社
投資対象企業
※大阪信用金庫の営業対象地域(※)に本社を置き、原則として会社設立予定者、株式会社化から5年以内の企業(個人事業主については株式会社化の上で投資します。)
※業種、規模は日本政策金融公庫の創業融資対象企業に準じます。
※大阪府、尼崎市、伊丹市を含む。一部地域を除く。
投資方法等
◈投資方法
株式(主に種類株式)、新株予約権付社債、普通社債、新株予約権
◈1社あたり投資額
3百万円~10百万円(資金ニーズや事業規模により変動します。)
◈投資の決定
創業者との面談、関係者へのヒアリング、事業計画の審査により投資の判断を行います。なお、審査には最長3カ月程度の期間を要します。
◈投資資金の回収方法
代表者による買取、第三者への譲渡、自己株式の取得、社債の償還
※株式上場は前提としていません。
ファンド出資から回収まで
金額
会社の業績
業績向上のための経営支援
ファンド出資
計画達成状況、純資産確認の上、回収
純資産
時間
関与期間3~5年
損益計算書(期間3~5年)
売上
営業利益
経常利益
当期純利益
出資時の貸借対照表
資産
負債
利益剰余金
資本金
純資産
回収時の貸借対照表
ファンド出資
3~5年めどに判断
計画達成状況、純資産確認の上、回収
経営者による買取、取引先への譲渡
自己株式の取得等

も一緒に進めるべきだと、南近畿地区統括の方が大阪信用金庫に打診してくれたのです。

だいしん創業支援ファンドの規模は、当初3億円でスタートしましたが、結構順調に投資が進んだため、2017年2月に2億円を追加しました。1社あたりの投資金額は300万円から1000万円で、原則、投資を実行した後、3~5年で投資資金を回収します。

最初は「種類株式」を理解してもらえず、その説明にかなりの時間を割きましたが、どこか1社でも投資を受けると、徐々に投資を受けたいという会社が増えていきます。「このような会社でも投資を受けられるんだ」ということで、自分のところも大丈夫ではないかと考えるようになるのでしょう。

また、実際に投資を受けた会社が、「本当に良い仕組みだよ」などと、他の会社に口コミで広げてくれるというケースもありました。結果、年間10社を超える投資が行われ、最初3億円で設定していたのが、2億円の追加となり、総額で5億円規模にまで増えました。

実は、このファンドを運用している最中に気づいたのが、共感や感動を得るビジネスにこそ競争力があるということでした。

そして、共感や感動がどこから生まれるのかを突き詰めて考えると、社会課題解決型ビジネスに、共感や感動を生む事業が多いことが分かりました。そこで、社会課題解決型ビジネスにフォーカスしたファンドが組成できるのではないかと考えるようになったのです。

だいしん創業支援ファンドは、創業から5年未満の会社に投資するというルールを設けていましたが、創業からの年数にこだわらず、社会課題の解決を目指す会社に投資するということであれば、2本のファンドで差別化も図れます。これが、もう一つのファンド、「おおさか社会課題解決ファンド」です。

ただ、このファンドを立ち上げるに際しては、ただ単に投資するだけでは面白くないと考え、社会課題解決型企業にとって一番効果的な支援方法は何かを考えました。そして、それはその会社のファンをつくること、という結論に達しました。

ファンをつくるというのは、認知度を上げることと同じです。つまり「知ってもらう」ということです。

そして、知ってもらうための仕組みをつくろうということになり、大阪府の協力も得て、そのビジネスによって、どれだけ社会課題が解決されたのかを指標化し、それを公表することにしました。たとえば、あるビジネスによって、待機児童をこれだけ減らせましたとか、あるいは廃棄物がこれだけ減りましたといったことを指標化し、それを四半期ごとに開示するのです。

最終的には、どれだけの課題が解決できたのかを行政が取りあげ、広報と協力して発信してもらいます。それによって、「こんなに良いサービス、事業をしているんだ」ということを知った人たちが、そこで働きたい、その商品を買いたい、といった形で応援したいという人を募っていく仕組みを設けます。

そしてこのファンドを組成するにあたっては、大阪府と大阪信用金庫、フューチャーベンチャーキャピタルで「社会課題解決に向けた連携協定」を結び、大阪府が広報を、私たちがファンドの投資を、それぞれ行っています。ちなみにファンドの総額は5億円で、1社あたりの投資金額は500万円から2500万円です。

社会課題を解決する仕組み、行動などに対してお金を出す仕組みは、なぜか寄付が中心になりがちです。寄付だから見返りを求めない。あるいは、お金とは別の形で何かしらの見返りが得られる仕掛けをつくるのが一般的ですが、私たちが組成しているこのファンドは、よって立つ前提が、寄付とは全く違います。

その前提は、社会課題解決型ビジネスにこそ競争力があり、だからこそ儲かるし、事業を継続できるというところが、大きなポイントです。将来の発展性も期待できます。今は大阪のみで運用されている仕組みですが、今後は同じ取り組みを、他の地域でも展開できたらと考えています。

【事例2】行政主導から民間主導へ　京都におけるファンド事例「京都市スタートアップ支援ファンド」「京信イノベーションCファンド」

「京都市スタートアップ支援ファンド」は、2016年4月に立ち上がったファンドです。総額が2億6000万円で1社あたりの投資金額は500万円から1000万円です。これも「だいしん創業支援ファンド」と同じように、日本政策金融公庫が協力に加わっている他、京都市も協力関係にあります。ちなみに、このファンドも複数の金融機関などが協定締結者になっています。具体的に言うと、京都市、京都信用金庫、京都中央信用金庫、フューチャーベンチャーキャピタル、日本政策金融公庫京都支店、そして京都リサーチパークです。

京都市は、ある程度の経済規模を持っており、古くは京セラや日本電産など、ベンチャーで成功した大企業が多く存在しています。京都市自体が、スタートアップの集積地になろうと考えているようで、オール京都でスタートアップを支援する枠組みとして京都市が旗振りをし、本ファンドが設立されました。投資は順調に進んでいます。

とはいえ、ファンドの総額が2億6000万円ですから、順調に投資が進むと、あっと言う間に資金がなくなってしまいます。すでにファンドに組み込まれた会社はともかく、ファンドに資金がないのでは、投資対象を広げるために頑張っても、限界があります。

京都市スタートアップ支援ファンドを含め、京都市内では、スタートアップに投資するファンドが続々と登場しています。ダルマテックラボ（Darma Tech Labs）が運営する国内外のＩｏＴやモノづくりスタートアップに投資する、ＭＢＣ試作ファンドが立ち上がったり、栖峰投資ワークスが創業期のテクノロジー系のベンチャー企業に投資するファンドを組成したり、みやこキャピタルという独立系のベンチャーキャピタルが、京都大学と連携してファンドを組成したり、さらに京都大学は100%出資子会社として京都大学に属する研究者による研究成果や技術を事業化することを目的とする企業に投資・支援を行う京都大学イノベーションキャピタルを立ち上げました。

金融機関でも、たとえば京都銀行は子会社の京銀リース・キャピタルと共同でオリジナルのファンドを組成しましたし、京都中央信用金庫は自前のベンチャーキャピタル「中信ベンチャーキャピタル」を持っており、これもスタートアップ企業を中心にした投資活動を展開しています。

さらに京都信用金庫が、自分たちの地方創生ファンドを組成することになり、2018年8月31日に、私たちと5億円のファンドを立ち上げました。ファンド名は「京信イノベーションCファンド」です。運用期間は約10年で、京都信用金庫営業エリア内に本社や拠点を置き、独創的な技術、サービスやビジネスモデルで地域経済の活性化に資する事業を行う未上場企業を、投資対象とします。

もともと京都信用金庫は、創業会社に対する融資に、非常に積極的な金融機関です。2007年6月から創業支援専用商品を開発し、2018年9月末まで延べ2374社に対し創業支援を行ってきました。

しかしながら、融資を通じた創業支援を行う中で、地域経済の活性化に寄与し、

投資対象

・地域活性化のための、イノベーティブな取組みに挑戦する起業に投資します
・京都信用金庫の営業エリア内に所在する企業に投資します

ファンド概要

ファンド名称	イノベーションC投資事業有限責任組合（略称：京信イノベーションCファンド）				
設立日	2018年8月31日設立	運用期間	10年間	ファンド総額	500百万円
投資額	概ね3百万円～30百万円（原則、投資額の上限はファンド総額の10%）				
出資者	有限責任組合員：京都信用金庫 無限責任組合員：フューチャーベンチャーキャピタル株式会社				

ファンドスキーム

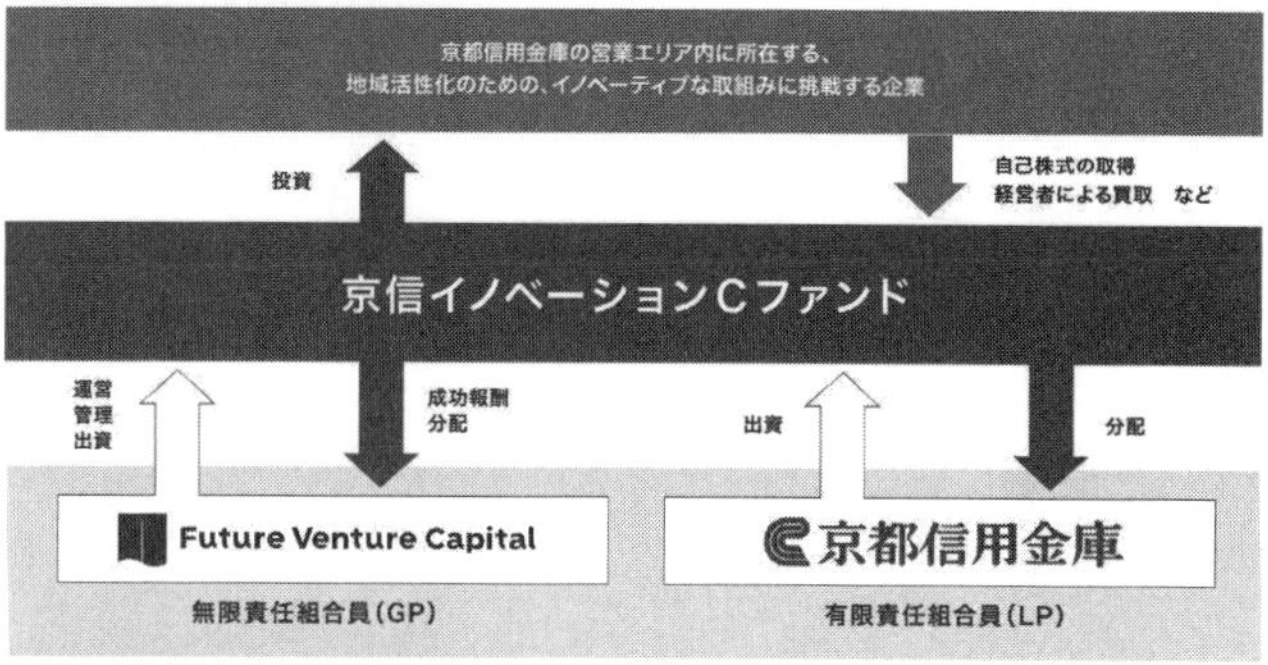

ファンドフロー

ご相談	**京都信用金庫**もしくは**フューチャーベンチャーキャピタル**にご相談ください。
投資審査	事業計画などをもとに、今後の事業拡大に向けた課題と解決策を検討します。
投資判断	投資審査に基づき総合的に投資を判断し、投資金額や株価などの投資条件を決定します。
成長支援	京都信用金庫、フューチャーベンチャーキャピタルが連携し、成長支援を実施します。
出口戦略	利益剰余金による買戻しなどの方法により、投資した資金を回収します。 ※必ずしも株式上場を目指す必要はありません。

ファンドお問い合わせ先

京都信用金庫

■京都信用金庫 価値創造統括部
京都市下京区四条通柳馬場東入立売東町7
TEL:075-211-2111(代表)

Future Venture Capital

■フューチャーベンチャーキャピタル株式会社
京都市中京区烏丸通錦小路上ル手洗水町659 烏丸中央ビル
https://www.fvc.co.jp/inquiry/form.html
TEL:075-257-2511

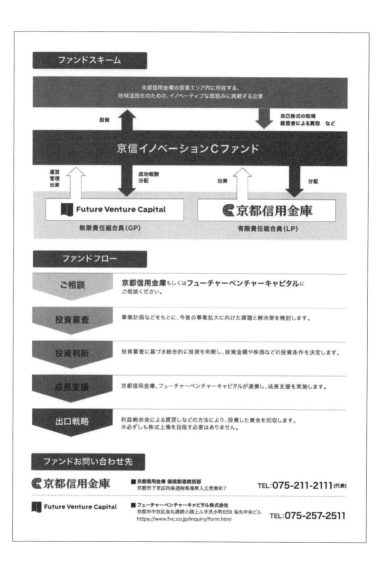

将来性がある事業を創業する場面で数多くの起業家から融資だけではなく、投資による支援を受けたいという強いニーズがあり、今回、京信イノベーションCファンドを立ち上げることになったのです。

もちろん、ベンチャー企業にとって資金調達のしやすさという点では、当然のことながら東京に匹敵する地域は皆無に等しいのですが、東京を除くその他地域の比較において、京都は今、資金面でスタートアップを支援する体制は、かなり充実していると考えてもよいでしょう。しかも、それぞれのファンドはお互いをライバル視するというよりも、場合によっては協力関係を築いたりもします。

たとえば、オール京都のファンドで、1社を支援するというケースが、それに当たります。一つのファンドでは、せいぜい1000万円までしか出せない場合でも、六つのファンドがそれぞれ1000万円ずつ出せれば、6000万円の資金で投資できます。投資案件次第では、億単位の額の投資を行うケースもあります。

京都はこれから、モノづくりやITの集積地を目指していきます。このようにベンチャーキャピタルが増えれば、案件に応じて柔軟な資金供給も可能になるため、今後の動向が注目される地域の一つでもあります。

【事例３】投資とアクセラレーターを両立した事例「かんしん未来ファンド」

「かんしん未来ファンド」は、東京に本店がある第一勧業信用組合と組成したファンドで、信用組合が創業支援ファンドを立ち上げる際に、信用組合の中央団体である全国信用組合連合会（全信組連）が信用組合の出資額と同額を、出資するという制度を利用しています。

そのため、信用組合がファンドに１億円を出資すれば、全信組連の出資分と合わせて２億円のファンドを組成することができます。

この制度の面白いところは、ゼネラルパートナーに私たちフューチャーベンチャーキャピタルだけでなく信用組合の子会社を加える、共同ＧＰという形態をとっていることです。単に私たちへ運用を委託するのではなく、共同でファンド事業を行うことにより各信用組合にファンド運営のノウハウが蓄積され、その結果、自立することを目指しています。

要するに創業支援のノウハウを持ったベンチャーキャピタルと一緒に、共同ＧＰとしてファンドを立ち上げ、そのノウハウを吸収しましょうということです。

このスタイルの第１号ファンドは、飛騨信用組合が組成したのですが、それに続く第２号として複数のファンドが同時期に組成されており、その一つが第一勧業信用組合を中心とした「かんしん未来ファンド」なのです。

このファンドには二つの特徴があります。

第一に、金融支援だけではなく、若手経営者、あるいは女性経営者を支援するためのサポート体制を充実させていることです。たとえば、「かんしん未来クラブ」という、第一勧業信用組合の取引先で構成されている組織があり、そこに属している取引先同士でさまざまな活動を展開しています。

第二に、ファンドを通じて創業支援のための投資を行うのと同時に、アクセラレーターとしての役割も果たしています。

アクセラレーターとは、創業期の会社を対象に、経営サポートやマーケティング支援を行ったり、場合によってはベンチャーキャピタルを紹介したりするなど、成長を加速させるための支援を行うプログラムを提供する人たちのことです。こうしたアクセラレータープログラムを専門に行っているゼロワンブースターと共同で、「東京アクセラレーター」というプログラムをスタートさせ、ファンドが投資した企業や応募企業がアクセラレータープログラムを通じて、成長をさらに加速させるための支援を行っています。このように、単なるファンドを通じた投資資金の提供だけに留まらず、金融支援と経営支援をセットにしている非常にユニークな取り組みです。

また、第一勧業信用組合は、東京のスタートアップを支援するだけではなく、東京に本店を置く信用組合の役割として、地域に拠点を置く他の信用組合と東京を結ぶ橋渡しを行っています。

具体的には、地域の信用組合と連携協定を結び、たとえば北海道の信用組合の取引先が作っている食品、お土産などを、第一勧業信用組合の取引先である料亭に紹介するといった「地産都消」を実践しています。また地方の信用組合が対応できない東京での与信対応等に協力しています。

そして、この地方連携という取り組みもファンドになりました。第一勧業信用組合と8つの信用組合、そして日本政策金融公庫が資金を出して組成した「信用組合共同農業未来ファンド」がそれです。農産物をはじめとする食材にフォーカスし、地域の農家が作ったクオリティの高い農産物を、東京のマーケットで流通させるため、

❖かんしん未来ファンドの流れ

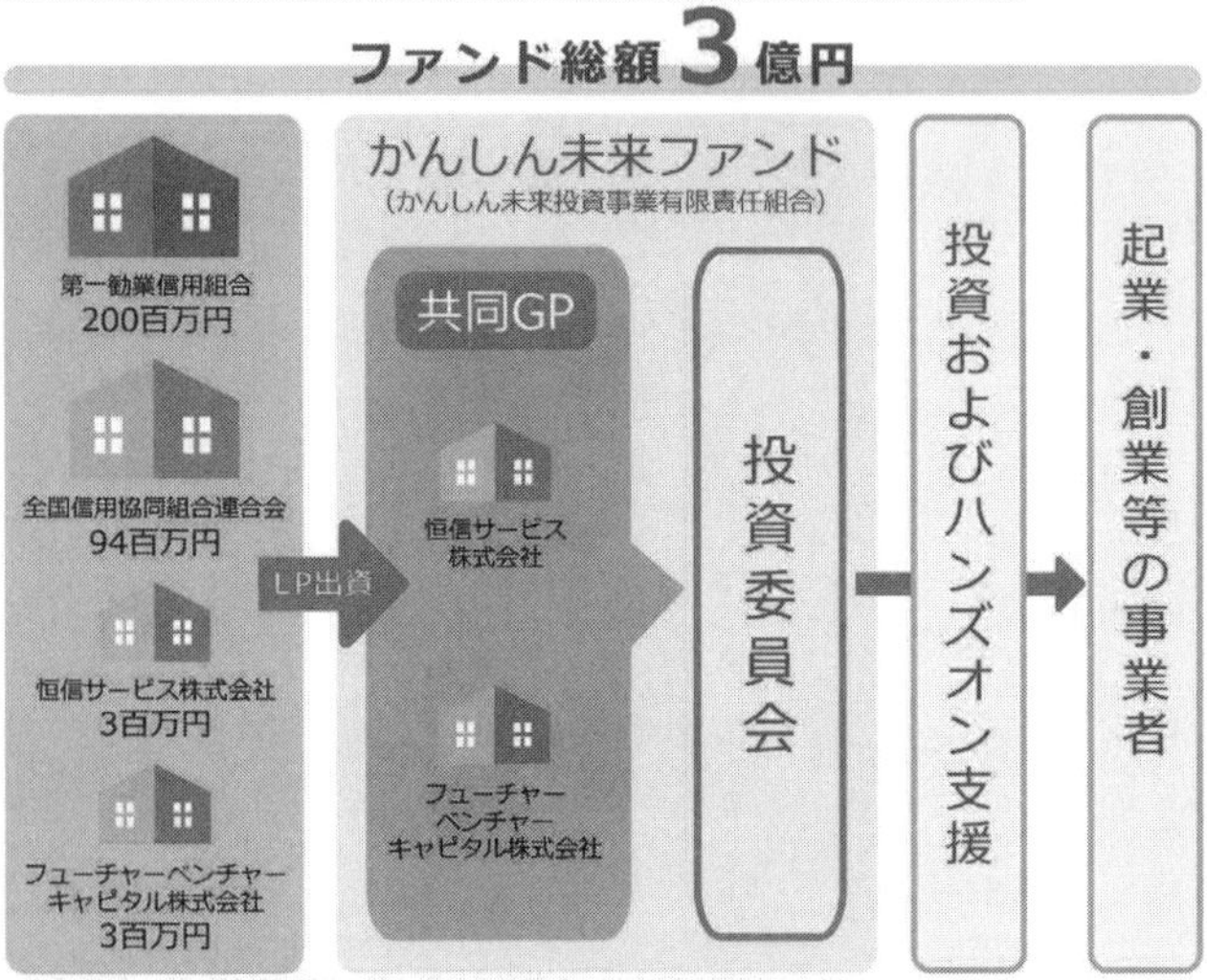

※恒信サービス株式会社は、第一勧業信用組合の100％出資会社です
※出資の可否については事業計画や資本政策等を詳しくお聞きしながら投資委員会で審議されます

❖ファンド出資から卒業までの流れ

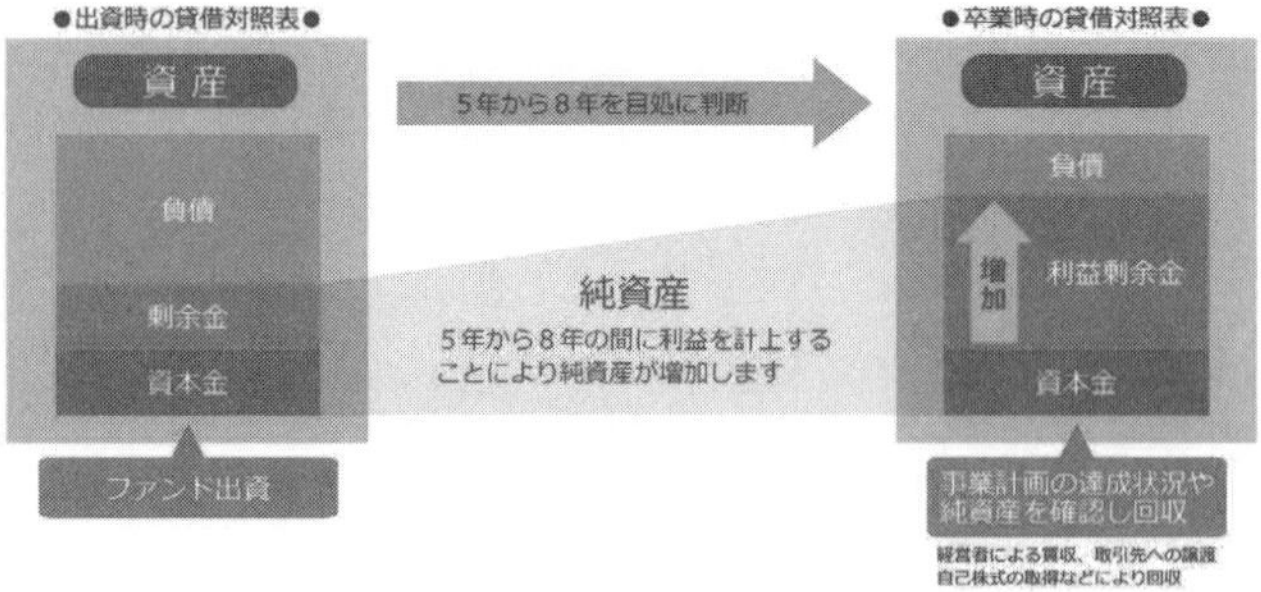

かんしん未来ファンド

かんしん未来ファンドとは

起業・創業を目指す中小事業者等の資金ニーズにお応えするとともに、地域の活性化に貢献していくことを通じて、当組が基盤をおく営業区域の経済発展につなげていくことを目的として設立いたしました。

支援対象

起業・創業を目指す方、創業後それほど年数の経過していない事業者の方

・・・こんな方におすすめ・・・

・起業後１～２年目で事業が軌道に乗ったため、資金調達をして更に事業拡大をしたい方
・今まで個人事業だったが、事業が軌道に乗ったので法人化したい方
・家族でやってきたが今後は外部の専門家のアドバイスを受けながら事業を進めたい方
・第二創業、Uターン起業、Iターン起業、女性起業家、若手起業家の方々

かんしん未来ファンドの概要

名 称	かんしん未来投資事業有限責任組合
ファンド総額	3億円
組合員構成（有限責任組合員）	第一勧業信用組合　全国信用共同組合連合会 恒信サービス株式会社　フューチャーベンチャーキャピタル株式会社
組合員構成（無限責任組合員）	恒信サービス株式会社　フューチャーベンチャーキャピタル株式会社
契約調印・設立日	平成27年12月1日
存続期間（予定）	8年間

3つのメリット

ファンドを通じて認定農業法人に資金を提供するとともに、第一勧業信用組合が、農産物の販売開拓を支援します。

農業の6次化など、これからの農業は新しいビジネスモデルを構築していく必要があるものの、それにはリスクマネーも必要になります。その資金を、ファンドを通じて提供することは非常に理に適っています。

「信用組合共同農業未来ファンド」が立ち上がったことによって、農業生産法人を含む農業法人にリスクマネーを供給し、事業の成長により投資回収できる仕組みができたのです。

ファンドはあくまでも金融スキームであり手段であるため、投資先企業の目的に応じてカスタマイズすることによって、これまでお金を供給することが難しかった企業に対する支援策として活用した事例とも言えるでしょう。

第5章

共感社会における金融機関のあり方について

【対談】

橋本卓典（共同通信記者）×松本直人（フューチャーベンチャーキャピタル代表取締役社長）

未来予測が困難になるなかで

橋本　今、地方創生ファンドでどのくらいの会社に投資しているのですか。

松本　累計で150社までは行きませんが、大体130社というところでしょうか。2012年からは、創業期の会社を中心に投資しています。地域別では近畿が5割程度。あと東京が3割で、東北が2割というイメージですね。東京だと、創業時から上場を目指す会社が多いのですが、地方、特に秋田県や福島県は上場狙いではない会社が大半です。

橋本　起業するとすぐに、上場を目指す経営者は今も大勢いますが、株式を上場すると、当たり前のことですが、企業は株主を選べません。なかには株主になって欲しくない投資家もいます。短期で出たり入ったりを繰り返すデイトレーダーなどは、その最たるものですが、そこは黙って目をつぶるしかない。

　ということは上場企業でさえ、事業者と株主の理想の関係性を実現しているとは言えません。株主が事業者を選びたい、事業者が株主を選びたい、株主もそうしてほしい、という価値観が認められないのです。

だから、フューチャーベンチャーキャピタルが投資している「種類株式」という道が開けてきているし、もしかしたら10年後には、証券取引所という存在すら、今とは全く異なるものになっている可能性は否定できません。

松本　確かに、この10年で世の中は大きく変わりました。これから10年先も、いろいろなものが大きく変わり、今の常識が通用しなくなる時代が来るのでしょうね。

橋本　そうだと思います。たとえばこの10年で大きく変わったのは、スマートフォンとアマゾンの存在です。この二つが市民権を得たことによって、「行かない革命」が起きている。結果、人々は自分が共感できるところにしか行かなくなりました。

１００年前、健康のためにお金を払う人はいませんでした。ところが今では、走るためにお金を払うような時代です。この１００年で価値観が大きく変わったのです。予見できない未来に確率論は通用しません。今のテクノロジーと価値観が将来も変わらないという前提においてのみ確率は有効なのです。

松本　未来予測が非常に困難になるなかで、金融業界はどうなるのでしょうか。

橋本　「これからの地方銀行は、生き残りをかけて再編が必要だ」と、よく言われます。その次に出てくる言葉は「規模」です。再編によって規模が大きくなれば生き残れると思っている。

しかし、預金や決済、送金、ローンといったトランザクションは、要は誰がやってても同じです。一定の信頼があれば銀行でなくてもよいし、店舗に行かなくてもよいのです。事実、中国では預金、送金、決済、住宅ローン、保険などはすべてアリペイになってしまっている。すでに、これらの業務は銀行の手から放れ、人の手からも放れ、究極的にコストが掛からない世界になりました。

しかし、日本の金融ビジネスは、生き残るために再編という道を選ぼうとしています。再編後、どうなるのかというと、膨大な人員とカウンターデスク、ＡＴＭを抱え込んだ巨大金融機関の誕生です。今、金融業界でもテクノロジー革命が起きているのに、このような再編は間違っています。

松本　再編によって金融機関の規模が大きくなるほど、経営面ではコントロール不能に陥るというリスクにつながる恐れがありますね。

橋本　金融機関にとって本当のリスクは、リーマンショック級の金融大混乱よりも、テクノロジー革命が起きたときです。当然、金融機関に今のような人員は不要になります。そうであるにもかかわらず、恐らく日本の金融機関は、ドライに人員を削減することができないので、非常に高いトランザクションコストを抱えることになります。これは、潜在的な不良資産と言ってもよいでしょう。

松本　数は力という時代ではなくなったわけですね。

橋本　その通りです。ロビン・ダンバーという、イギリスの人類学者がいるのですが、彼は「ダンバー数」といって、「それぞれと安定した関係を維持できる個体数の認知的上限は150人」と言っています。

非常に面白いことに、150人という数字は、小学校1学年の生徒数が大体そのくらいですし、軍隊の中隊の人数も同じです。つまり150人規模の集団というのはとても理に適っていて、ちょうど心のつながりが保てる人数が、そのくらいになります。信用金庫、信用組合の職員の人数もその程度です。

ところが、メガバンククラスになると、従業員の数が5万人を超えます。こうなると、もはや管理することなど不可能でしょう。これは会社にとってリスクであり、脅威です。これまで良かれと思っていた規模の拡大が、実は経営リスクに直結しているのです。

正直な気持ち、これからの金融機関は信用金庫、信用組合の時代ではないでしょうか。いずれも非営利団体であり、儲けを徹底的に追求する組織ではありません。彼らの目的は、組合構成員の幸せなのです。信用金庫や信用組合は古くさいというイメージがありますが、ロビン・ダンバーが言ったように、いくらコーポレート・ガバナンスのお題目を唱えても、ボタンを掛け違えたままだと、組織は崩壊します。数は力ではないのです。それでも、相変わらず規模にこだわる人はいますが、コントロールできないほどの規模感を持つのは、リスク以外の何ものでもありません。

共感投資に力を入れる

松本　私たちが運用している地方創生ファンドは、感情や共感を重視しています。事業計画書に書かれている内容よりも、会社を経営していらっしゃる方の想いや創意、そして事業を通じて実現したいと思っていることが、本当に共感を生むのかどうかという点に注目して、投資するか否かの判断を下しています。

現在、地方創生ファンドを通じて投資されている会社の数は、１３０社く

らいありますが、どの会社も共感できるビジネスモデルがある、あるいは人がいるからこそ、投資しているのです。

橋本　感情や共感を重視する分野は、会計では見えない領域ですが、現に存在するのは事実ですね。

松本　そうですね。ビジネスの中身、経営理念などに共感できる企業を見ていると、実は高い企業競争力を持っています。つまり、共感を生む力は企業競争力そのものだと考えています。なので、投資先企業とのミーティングでも、事業計画を見て、重箱の隅をつつくような話はしません。

そもそも、創業間もない会社ですから、事業計画なんてあってないようなもので、それこそ毎週変わりますから、そこを一所懸命に見ても仕方がない。それに気づいたのが2015年頃で、そこから共感投資に力を入れるようになりました。

橋本　お客さんや仕入れ先、販売先も含めて、そのネットワークが豊かであることが、これからの会社にとっては重要な資産になるのでしょうね。ただ、この手の資産は、数字で表すことはできない。それを可視化するための方法はあるのか、そもそもできないものなのかを考える必要はあると思います。

見えないものだから意味がないというのは、人間の傲慢かもしれません。恐らく、ネットワークの濃さ、それも、とてつもない濃さがあるかどうかによって、会社の存在価値が問われる時代になるのでしょうね。

松本　共感があるからこそ、お客様も集まりますし、優秀な方に社員として来てもらえる可能性もあって、それが会社の競争力を一段と高めることにつながります。

橋本　共感とは具体的にどういうものかを考えたとき、いくつか浮かんでくるのですが、まず口コミです。これは会計で示すことができません。口コミが豊かな会社と、全然口コミがない会社の違いを、会計で示すことは不可能です。

あともう一つは、経営会議にファンを入れられるかどうかだと思います。

これは余談ですが、今治タオルで有名なイケウチ・オーガニックの京都ストアで働いている店長さんは、元三菱商事で働いていたバリバリのキャリアだったのですが、イケウチ・オーガニックの企業理念に触れて、この会社のことが好きになり、それが高じて転職までしてしまいました。その方が以前、こんなことを言っていました。「私は、今も一ファンの立場で経営会議に参加しています。だから、一ファンとしておかしいと思ったことには、経営会議の場でしっかり反対の意を表明します」

松本　素晴らしい話だと思います。共感は数字に表れませんが、着実に企業の足腰を強くしてくれると思います。

橋本卓典（はしもと たくのり）
1975年東京都生まれ。慶應義塾大学法学部政治学科卒業。2006年共同通信社入社。経済部記者として流通、証券、大手銀行、金融庁を担当する。金融を軸足に幅広い経済ニュースを追う。著書に『捨てられる銀行』『捨てられる銀行２　非産運用』（講談社現代新書）、『金融排除』（幻冬舎新書）がある。

橋本　海外には「ネット・プロモーター・スコア」という、顧客のロイヤリティを数値化した指標があります。要は、「あなたはこの商品・サービスを、親しい友人や家族にどの程度、薦めたいと思いますか？　0〜10点で点数を付けてください」というものです。

先月、20人のお客さまが来ました。今月、それが10人に減ってしまいました。これでは支店長の評価は減点です。でも、本当にそれで良いのか、ということを検証します。

たとえば20人のうち19人が、景品としてもらえるマグカップ目当てで来店したお客さん。残り1人が、ある人の紹介で来店したお客さんだったとします。そして、この1人のお客さんが、自分の親しい友人や家族に、そのお店の素晴らしさを口コミしてくれて、翌月に来た10人のお客さんは、すべてその人の紹介客だとしたら、どうでしょうか。評価はおかしくはないでしょうか。

でも、残念ながら、多くの会社が実際に行っているのは、数値だけで人を管理するノルマ制なのです。

数値で人を管理することの弊害は、実際に出てきています。

私たちが宗教のように信仰してきた、米国ＧＥ社の最高経営責任者だったジャック・ウェルチは、合理主義とシェアナンバーワン戦略、数値で人を管理することで、ＧＥを米国最強企業に育て上げました。

でも、今のＧＥがどうなっているか、ご存じでしょうか。業績はだだ落ちで、ついにＮＹダウ平均株価の採用銘柄からも落ちました。それはつまり、今のＧＥは、アメリカを代表する会社ではないことを意味します。

マーケットシェアナンバーワンは、確かにすごいことなのかもしれませんが、あくまでも今の話をしているに過ぎません。価値観もテクノロジーも激しく変わる世の中で、マーケットシェアナンバーワン戦略は間違っていることが露呈したのです。だから、金融行政では「ネット・プロモーター・スコア」が再評価されつつあるのです。私たちには計測できない世界があるということです。

松本　お話を伺っていると、会社を株価で評価する、株価のフェアバリューをＰＥＲやＰＢＲなどの数値で評価することに、果たして意味があるのかどうかと考えてしまいますね。

橋本　すべてを数字で判断できるというのは、人間の傲慢です。今、40代以上の人は、「とにかく四の五の言わず大企業に入れ。そのために高学歴を目指すんだ。できれば銀行に行きなさい。なぜならステータスが高いから」と、親から散々言われて育ってきた世代です。でも、今の若い人たちは、そういう考え方に対して、明らかに疑問を抱いていますよ。「それ本当？　昔はそれが成功のキャリアパスであるかのように言われたけど、それって違うんじゃないの？」というように、価値観が大きく変わってきています。

Z世代と言われている、今の10代から20代の人たちは、なにか買い物をするにしても、もはや店舗に行くことに意味を見出していません。

でも、面白いと思ったら、お金を掛けてでも行くわけです。「行かない革命」の時代とはいえ、共感があれば人は動く。共感をどのくらい育めるのか、という視点を持つことが大事だというのは、本当にその通りだと思います。恐らくこれから、フューチャーベンチャーキャピタルのような共感ベースの会社に入りたいという若い人たちが、増えていくのではないでしょうか。

共感がある仕事へ向かいたい

松本　弊社の採用に関して言いますと、もちろん新卒の方もいらっしゃいますが、金融機関から転職して来られる方が結構増えています。大手金融機関に勤めていたけれども、51歳になった途端、役職定年になり、活躍の場を奪われた人たちが、「このままでいいのか」、「本当の意味で世の中の役に立つためには何ができるのか」を自らに問いかけたとき、創業支援を行うベンチャーキャピタルへの転職を考えるケースが多いようです。

事業性評価融資に切り替わるなか、今後は地域金融機関も融資のノウハウを持った人材が必要になりますから、私たちは一緒にファンドを組成する地域金融機関の融資担当者を中心に、そのノウハウを持った人材を育てることにも着手していくつもりです。

橋本　共感は人の働き方、ひいては企業の人材戦略にも大きな影響を及ぼすと考えています。たとえば「副業」。昔と違って、副業はクリエイティブだというように、価値観が変わってきました。

私は副業を「働き方や生き方が共感に引き寄せられている」と捉えています。

本業に不満を抱いているのに、副業でそれ以上につまらないことをするような奇特な人は、いないでしょう。前々から気になっていたこと、友だちから誘われたこと、あるいは老後にやってみたいこと、第二のステップとしてやってみたいことという理由で副業を選ぶわけです。それって、実は共感によって選んでいることになります。ということは10年後、もしかしたら、働く人たちの共感を受けとめられない会社、共感を包摂できない会社は、どんどん優秀な人を失っていくことになるかもしれません。

昨今の企業は、人事部が一括して採用を仕切るのではなく、リファラル採用に切り替えてきています。リファラル採用とは、平たく言えば縁故採用のようなもので、採用する人材を、社員から推薦・紹介してもらう採用方法です。日本の会社だとメルカリ、シリコンバレーの会社でも採り入れられていますね。

金融機関だって、人事部は不要です。外資系証券会社がそうですが、チームで採用します。働きたい人が、働きたい人と一緒に仕事をするのに人事部が一括採用するのは、やはりどう考えても違和感があります。

これから働き方はプロジェクトベース、チームベースになりますし、もっと言えば共感ベースになるでしょう。そして、生き方もそこに引き寄せられているのが現状だと思います。

松本　企業と従業員の関係が、変わってきていますね。雇用と採用、つまり雇用を守る側と、そこに人生を預ける側という構図自体が崩れつつあります。いずれは、会社という箱自体の役割が変わり、共感できる者同士が会社や国境の垣根を越えてさまざまなプロジェクトにアサインして、並行して複数のプロジェクトに関わっていくというイメージでしょうか。

橋本　おっしゃる通りだと思います。あと10年もすれば、会社という物理的な施設は希薄な存在になるので、私たちはもっとプロジェクトベースで働いているかもしれませんね。

そのプロジェクトの内容に共感できれば、そこにどんどん参画して仕事をしていく。逆に、企業名などは何の意味も持たなくなる。そういう時代が、もう目の前まで来ているのではないでしょうか。

松本　先日、トヨタ自動車がソフトバンクと移動サービス分野で業務提携しましたが、あの連携はもともとトヨタ自動車の若手社員から上がってきたアイデアだったそうです。新しいモビリティーのあり方について考えたとき、トヨタ自動車という器のなかだけでは限界があることに気づき、ソフトバンクの人と話し合って、あの発表がなされたと聞いています。

橋本 まさに共感とプロジェクトベースで動いた結果ですね。

松本 移動サービス分野でトヨタ自動車が組むとしたら、業界トップのＮＴＴグループが真っ先に浮かんでくるというのが常識だったと思うのですが、そうではなくてソフトバンクですからね。ちょっとしたサプライズでした。

橋本 私たちは目で見えているものでさえ、実は目で見ていないのかもしれません。たとえば、「マイクロソフト」という会社名を聞いたとき、私たちは何を思い浮かべるでしょうか。昭和世代であれば、「ウインドウズとオフィスでしょ」となるはずです。

ところが、計測できる世界で、マイクロソフトの会計を見ると、ウインドウズとオフィスなんて、収益の1割程度でしかありません。マイクロソフトは、マイクロソフトアジュールとＸｂｏｘの収益で成り立っています。

また、ＩＢＭも創業当初は仕分け機の会社でスタートし、タイプライターの製造に乗り出し、その後はコンピュータがメインの事業になりました。そしてコンピュータの次にパソコンメーカーへと転じたのです。

ＩＢＭは、恐らく自分たちを「コンピュータ・メーカー」などと位置付けてはいないと思います。強いて言えば、「事務効率屋」というところでしょうか。そして、時代の変遷とともに、どこに経営資源をどの程度割くかということを、常に考えているのだと思います。これがＩＢＭの強さを支えています。事務効率屋を名乗ることによって、時代の変遷にともない、そのとき、事務効率を高めるうえで最も重要なものを研究・開発できるからです。

松本　パソコンからスマートフォン、タブレットに流れが変わった前後で、ＩＢＭはあれだけ世界中で大成功を収めたパソコン部門を、中国のレノボに売却しましたからね。その判断には誰もが驚いたと思います。

橋本　そうですね。アジアで大ヒットしたThink Pad事業をレノボに売却したのです。もしジャック・ウェルチがＩＢＭの社長だったら、ナンバーワンシェアである限り、そこに経営資源を集中させ、とことんパソコンを売りまくり、ＩＢＭは時代の流れに取り残されたでしょう。ちなみにＩＢＭは、２００４年にパソコン部門をレノボに売却した後、２００７年には法人向けプリンター事業を日本のリコーに売却しました。現在は、コンサルティングなどを用いたビジネスソリューションを提供する会社に変わっています。

松本　それは個人の仕事にも通じるところがありそうですね。たとえば橋本さんのことを、「通信社に所属している記者」として見ると、橋本さんの本質を見誤るというような。

橋本　そうかもしれませんね。確かに記者という仕事をして、自分の名前で本も書いていますが、それは自分自身を表現し、共感を得るための手段に過ぎません。

松本　そういう意味では今、私たちが行っている創業支援は、創業者の想い、経営者の想いをサービスにつなげ、そこに金融機関の想いも乗せていくものなので、表向きはベンチャーキャピタルの会社ではありますが、根底にあるのは「想いのバトン」をつなげていく会社、ということになるのかもしれません。

橋本　そう、そう。そういう意味です。

松本　私たちは今、創業だけではなくて、事業承継のお手伝いもしようと考えています。事業承継もまさに想いのバトンです。今のところ残念なことに、事業承継の

「想いのバトン」をつなげる

一つのソリューションとして、M&Aを用いるケースが多いのですが、M&Aでは想いのバトンが、あまりうまくつながらないのです。

厳密に言うと、その会社に連綿として続いてきた想いを断ち切るようなことが横行しているのです。具体的には効率のみを追求し、規模の拡大によってコストを抑え、バランスシートを綺麗にしたら転売するということが、頻繁に行われている。これでは想いのバトンがつながるはずもありません。

そうではなく、想いのバトンを受け取る後継者をつくり、育てる必要があります。事業承継は、ある一時点で経営権も借入の個人保証もすべてを一気に後継者が引き継ぐしかなく、そこに小さな失敗も許されない環境があるので、後継者の担い手が増えないという問題が生じています。

私たちは今、そのバトンタッチを段階的に実施することで、後継者が成長しながら経営を引き継いでいくスキームを地域金融機関と共につくろうと考えているところです。

橋本　それはとても大事なことですね。想いのバトンも、今、松本さんがおっしゃったストーリーから逸脱するものは、むしろやらないほうがよいでしょう。逸脱したものなのに、収益を上げるためにやってしまうと、自己矛盾を抱えてしまい、組織がおかしくなっていきます。誰に対して、何のためにそれをやるのかということが、見えなくなってしまう。

ある銀行の心ある支店長が面白いことを言っていました。その人は融資の経歴が浅く、企画畑だったので、融資の詳しいことはあまり分かりません。ただ支店長ですから、いろいろ上がってくる案件を、すべて同じ言葉で判断しているのです。それは何かというと、「誰が幸せになるのかを説明しろ」なのだそうです。

「まさかうちの銀行だけが幸せになるなんてことはないよな」と。そうすれば、銀行だけが儲かるような案件は、いっさい上がって来なくなるそうです。銀行はもちろん収益になるけれども、その融資を行うことによって、もっといろいろな人が幸せになり、喜び、恩恵を受けるというストーリーが描かれない限り、融資の決裁は降りないのです。

松本　21世紀は「共感の時代」ということですが、そういう時代に生き残る金融機関の条件とは何でしょうか。

橋本　まず、規模の追求に対する幻想が打ち砕かれて、適正な規模が大事だという認識を持つこと。かつ、これまで私たちが考えもしなかったことが、実はリスクにつながることを理解することです。規模を追求したあまり、どこで、誰が、何をやっているのか、全く分からない。これこそがリスクです。それに向き合う時代になったということでしょう。

ですから、生き残る金融ということで申し上げると、その規模感から、信金・信組は地域の豊かさを示すバロメーターに成り得るでしょう。

一方、銀行はこれから非常に苦しい道を歩まなければなりません。地方銀行の雄と言われる横浜銀行は今、ミニバンク構想を展開しています。これは、9ブロック営業本部体制から2地区、5地域の地域本部体制に移行し7つのエリアに分け、それぞれの地域における独自戦略を、各地域に配属された地域本部長のもとで展開していくというものです。

あとは、共感とはなんぞやということですね。まず口コミが広がるかどうか。あるいは昔から言われていることですが、提供されるサービスが、お客さんにとって、涙を流すほどに嬉しいものなのかどうかです。それくらいのものでなければ、お客さんは恐らく共感してくれません。

そして、お客さんからのファーストコールが掛かってくるかどうか。お客さんが何かで悩んだとき、「松本さん、ちょっとこれどう思う?」というようなファーストコールが掛かってくることが大事です。

あとは経営会議にお客さんを入れることができるのか、だと思います。そこに気づく金融機関と、気づかない金融機関で、これから明暗が分かれていくのではないでしょうか。

終章

未来の金融機関に向けて

選ばれる金融機関になるために

金融機関の商品とは何でしょうか。「お金」でしょうか。

確かに、金融機関は「預金」という形でお金を集め、「融資」という形でお金を提供しますから、その商品の中核には常にお金があることに、異論をはさむ人は恐らくいないと思います。

ただ、今のように、大半の金融機関が画一的な審査をし、誰もが貸せるところに、同じようなタイミングで、しかも同じような金利で貸すということになると、競争も何もあったものではありません。つまり商品の中核にお金があるのは事実ですが、金融機関を選ぶ差別化要因にはならないということです。大事なことは、お客様のことを第一に考えて、本当に必要なタイミングで、成長するために必要な資金を適宜、提供できることに尽きます。

お客様のことを考えるのは、銀行の行員、信金・信組の職員です。つまり、金融機関にとって究極の商品は、「人」です。

金融機関に勤める人の商品価値を高めるためには、今のように行内における稟議に必要な書類を作成したり、もろもろの社内調整をしたり、あるいは企業の成長に関係のない、手数料ビジネスの営業に時間を費やしたりするよりも、本当にどうすればその企業が成長できるかということを考え、提案し、あるいは企業の要望をヒアリングするなど、企業とのコミュニケーションを密にすることに時間を割くべきです。そうすることで商品力が一段と高まり、お客様からの感動や感謝が最大化され、銀行の収益力も高まっていきます。これこそが、本来の金融機関の、あるべき姿ではないでしょうか。

前述しましたが、この20年間、金融検査マニュアルによって、お金の流れを遮る壁が作られてしまいました。その壁が、いよいよ２０１９年3月末に取り払われます。事業性評価融資が行われるにあたり、金融機関はこれまでの画一的な審査基準ではない、独自の審査基準でもって、融資先企業を評価しなければなりません。逆の立場から見ると、自分のところの事業をまともに評価してくれないような金融機関は、どの会社からも相手にされなくなります。

小売でもどんなビジネスでもそうですが、お客様に選んでもらえなくなったら終わりです。お客様に選んでもらえるからこそ、そのお店は商売が発展するし、利益も向上して、事業の継続性が担保されるのです。お客様に嫌われている、疎まれている、警戒されているような存在では、商売は成り立ちません。だからこそ、これからの金融機関は、お客様である企業から感謝される仕事をするという、商売の基本に立ち返る必要があるのです。

つまり、数値では計測できない、顧客からの感謝・感動資産をバランスシートにどれだけ積み上げられるか、それが選ばれる金融機関になるための王道です。京セラの稲盛和夫さんや、日本電産の永守重信さんも、一番初めにお金を出してくれた金融機関に未だに感謝し続けています。逆に、苦しい時に助けてくれなかった金融機関は、死ぬまで恨んでいます。

そういった意味では、私たちフューチャーベンチャーキャピタルが運営する創業支援ファンドは、一番初めに資金を出すことを可能にするベストツールだとも言えます。

リスクマネーのインフラから、企業成長プラットフォームへ

私たちフューチャーベンチャーキャピタルは、これからさまざまな施策を打ち出してまいります。

まず、この3年から5年のうちに、市況に左右されないリスクマネーのインフラを創りたいと思います。前述したように、ベンチャーキャピタル業界は、景気が好調で株価がどんどん上がっているときは強気で、積極的にリスクマネーを供給しますが、逆の環境になった途端、上場企業数が激減するため、収益が上がらず、したがってリスクマネーの供給も大きく後退してしまうという構造的問題を抱えています。それをこの数年で、私たちは大きく変えたいと考えています。

そのためには、運営しているファンド数を、もっと増やしていく必要があります。現在、地方創生ファンドが17本、ＣＶＣファンドが6本ありますが、これらを合わせて１００本にします。これまで、大体１本のファンドで年間10社くらいに投資して

いますから、これが1000本になれば、継続的に年間1000社もの会社に投資できるようになります。

そのインフラが構築できたら、次は企業が継続していくためのイノベーションが有機的に起こる機会や、人づくりのための仕組み、いうなればプラットフォームに進化させたいと思います。企業が成長し続けられるサービスを、そのプラットフォームに乗せることにより、リスクマネーを供給するインフラから、それ自体が企業の成長プラットフォームになっていくことを目指します。

もちろん、それを実現するためには、もう少し時間を必要とします。今は毎年、継続的に100社の会社にリスクマネーを供給する種まき段階として、創業支援を行っていますが、それとともに、大きな流れになりそうなのが、事業承継です。今、私たちが地方創生、創業支援のための組成しているファンドのスキームは、実は事業承継に際しての課題解決にも使えるのです。

事業承継の課題をファンドで解決する

事業承継の課題は三つあります。相続税、借入の経営者保証、株式の移転がそれです。

まず相続税問題ですが、これまでは親が亡くなり、子供が事業を引き継ぐ場合、会社の株式を相続する際に多額の相続税が掛かり、円滑な事業承継を阻害することが問題視されていました。そこで2018年に創設されたのが、「事業承継税制」です。

これによって、中小企業の未上場株式の相続税を納税猶予してもらうことが可能になりました。もちろん、あくまでも納税猶予であって、納税が免除されるわけではありませんが、事業承継税制が導入されたことによって、50％くらいは相続税問題が解決したと考えてもよいでしょう。

次に借入の経営者保証の問題です。特に中小企業の場合、会社が金融機関から借入を行うに際して、経営者が自分の私財を担保にして、個人保証しているケースが多く見受けられます。中小企業でもある程度、経営規模が大きくなると、経営者が何十億円もの個人保証を付けているケースさえあります。

金融機関の側からすれば、リスクヘッジの一環なのでしょうが、問題は個人保証を行っていた経営者から、新しい経営者に経営権を譲り渡すときです。新しい経営者からすれば、社長になった途端、いきなり何十億円もの個人保証を求められたら、たまったものではありません。はっきり言いますが、これは無理です。

事業承継とは、「想いのバトン」をつないでいくことが肝です。ですから、その想いをつないでくれるのであれば、別に親族や親子の間で事業承継をする必要はなく、従業員でも役員でも、あるいは取引先でもよいと思います。ただ、その際に個人保証があると、誰も手を挙げなくなってしまいます。これが事業承継を妨げる最大の問題です。

この問題を解決するためには、単純な話で、金融機関が保証を外せば済むことです。今では、経営者保証を外すためのガイドラインもできているので、流れはその方向に進んでいるのですが、まだ金融機関がそれに追いついていないのが現状です。とはいえ、流れはそちらに進んでいますから、いずれ個人保証の問題も解決するとは考えています。

そして最後の問題は、経営権の移転です。

たとえば従業員が後継者になったとしましょう。そのとき、現在の経営者が持っている株式を、後継者に継承できるでしょうか。前述した相続税の問題は別にして、ここでは経営権の問題について考えたいと思います。

後継者が経営権を持てるように、オーナー経営者が後継者に、すべての株式を譲ったとしましょう。しかし、本当にこの後継者に経営能力があるかどうかを、ある一時点で判断するのは困難です。株式を渡し、経営権を譲った後で、実は経営能力がなかったことが判明したとき、すでに株式を握っている後継者を、経営から外せるかというと、これは非常に難しいと思います。

あるいは、オーナー経営者が自分の持っている株式を後継者に譲らず、実権を握っているとします。後継者が非常に優秀で会社の業績がどんどん上がっていきました。ところが、オーナー経営者は自分の娘可愛さから、現在の後継社長ではなく、娘婿に株式を譲渡するとなったら、ほぼ間違いなく経営権争いが始まります。

中小企業の場合、所有と経営の分離が進んでいないケースが多いため、往々にしてこの手の問題が発生しがちなのですが、そこでファンドを使うと、ややこしい問題が発生せずに済むのです。

ここでは詳しく説明はしませんが、ファンドを用いることで、経営権の移転を一定期間で段階的に、かつ後継者の経営努力に応じてその期間が短縮できるというものです。後継者がきちんと業績を上げられない場合は、ファンドがオーナーの好き嫌いで決めるのではなく、本当にその会社の想いが継承されるかどうかを、第三者の立場で評価し、途中で経営者を交代させたり、あるいはM＆Aによって他の会社とくっつけたりするなどの判断を可能とします。

ご存じのように、今の日本は超高齢社会に入りました。そのなかで、かつての高度経済成長を支えてきた中小企業経営者も高齢になり、経営の一線から退く時期にきています。

中小企業は、どちらかというとファミリービジネスの要素が強く、子供を後継者にしたいと考える経営者が多いのですが、問題は子供が後継者になりたがらないことです。また経営者である親も、自分が会社の経営で苦労したため、子供に同じ苦労をさせたくないと思うのか、自分の代で会社を終わらせようとするケースも少なくありません。

しかし、日本に存在している会社の大半は、中小企業です。90数パーセントは中小企業であり、その廃業が相次げば、日本経済の力はどんどん落ちていきます。事業承継がうまくいかず、廃業に追い込まれるケースをできるだけ減らす必要があります。そして、これも今の日本にとっては、重要な社会課題の解決につながります。

事業承継問題は、まさに今の日本が抱えている社会課題であり、それを解決するためのアイデアを、常に私たちは考えています。あとは、私たちと共に、地方銀行や信金・信組といった地域金融機関が立ち上がり、真の意味で、金融機関の職務を全うすれば、今の日本を、金融の力で変革できると信じています。

最後に、金融機関そのものが未来指向になる必要があります。テクノロジーの進化にともなって、新しい事業がどんどん立ち上がっていきます。そのなかで、金融機関は新しい時代の事業をしっかり評価するスキルを身に付けなければなりませんし、それに対応できる組織づくりも必要になるでしょう。金融機関のトップをはじめ、行員、職員全員が未来指向にならなければ、新しい産業も生まれません。

フューチャーベンチャーキャピタルは今、私たちのステークホルダーに対して何を提供するかを定義づけようとしています。

それは、「フューチャーベンチャーキャピタルと出会う人すべてを未来指向にする」ということです。これをステークホルダーとの約束事として、私たちが提供するサービスが、一緒にファンドを組成する金融機関、そのファンドを通じて投資を受けるスタートアップ企業や事業承継企業すべてにとって、未来を創るためのきっかけになればと思います。

【著者紹介】

松本直人（まつもと　なおと）

フューチャーベンチャーキャピタル株式会社代表取締役社長

1980年3月23日生まれ。大阪府堺市出身。2002年3月神戸大学経済学部卒業。2002年同社入社。2011年取締役西日本投資部長就任。2016年1月より代表取締役社長。

フューチャーベンチャーキャピタルの投資姿勢である、「どうすれば投資できるかを考える」を実践し、これまで50社以上のベンチャー企業に投資。

自治体ファンドやCVCファンド、創業ファンドに強みを持ち、リードインベスターとしてのハンズオン支援の実績あり。ファンド組成から投資、EXIT、ファンドクローズといったVC業務全般を経験。

地域金融復権のカギ「地方創生ファンド」
共感・感動のスモールビジネスを育て、日本を変える

2019年3月14日発行

著　者――松本直人
発行者――駒橋憲一
発行所――東洋経済新報社
〒103-8345　東京都中央区日本橋本石町 1-2-1
電話＝東洋経済コールセンター　03(5605)7021
http://toyokeizai.net/

装　丁……………中村勝紀
ＤＴＰ……………渡辺　宏
印刷・製本………朝日メディアインターナショナル

ISBN 978-4-492-96155-1